# 사고와 표현
# 기초편

장현묵 · 정영교 · 이지은 · 신은옥 · 허문하 · 이현주

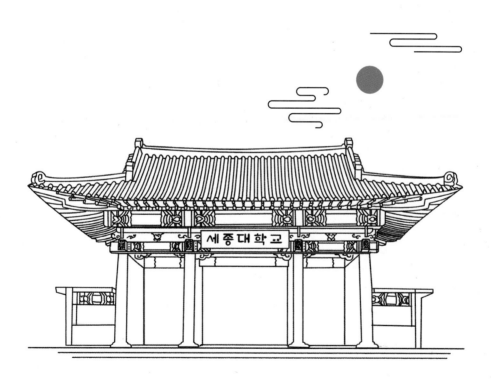

박영사

# 사고와 표현 발간사 ★────────────────

　세종대학교에서 외국인 학생 대상의 한국어 교육을 위한 교양한국어 교재인 〈사고와 표현 기초편〉을 발간한 것을 진심으로 기쁘게 생각합니다. 애민심과 함께 창의적이고 과학적인 원리에 바탕하여 한글을 창제하신 세종대왕의 정신을 계승하는 세종대학교는 연구 중심의 글로벌 대학으로 발돋움하여 많은 외국인 학생을 교육하고 있으며, 〈사고와 표현 기초편〉의 발간은 매우 뜻깊고 시기적절하다고 생각합니다. 한참 어려웠던 지난 과거에 우리는 당시의 여러 선진국에 유학하여 그들의 언어와 문화를 배우며 부러움을 가졌습니다만 이제는 한국의 문화도 부러움의 대상이 되었으며, 우리말과 글을 잘 구사하려고 많은 노력을 기울이는 외국인을 국내외에서 쉽게 찾아 볼 수 있게 되었습니다.

　〈사고와 표현 기초편〉은 장현묵 교수를 포함하여 여섯 분 교강사의 정성어린 집필의 결과물입니다. 2014학년도 1학기에 처음 교양한국어 과목이 개설된 이래로 한국어 교육 과정 중에 제작한 교육 자료와 열의 넘치는 교육 경험을 토대로 많은 고민과 노력을 담아 개발하였습니다. 초급 한국어를 다루고 있지만 대학에서 학업을 이어가는 유학생들에게 실질적으로 많은 도움을 주기 위하여 각별히 고심하여 주제를 선택하였고 문법과 활동을 중심으로 구성하였습니다. 외국인 학생들이 한국어를 쉽게 받아들일 수 있도록 한국말 소리의 특징에 대한 설명을 포함하여 적절한 연습을 충분히 제공하고 있습니다.

　〈사고와 표현 기초편〉 교재가 많은 유학생들의 한국어 구사 능력을 함양하고 원활한 학업을 이어가는 데에 큰 도움이 될 것이라고 굳게 믿습니다.

대양휴머니티칼리지 학장
이희원

# 일러두기 ★ ——————————————————————————

〈사고와 표현 기초편〉은 대학의 교양한국어 수업을 위한 교재입니다. 외국인 학생들이 대학에서 학업을 수행하며 접하게 될 상황을 바탕으로 필수적인 문법과 표현을 선별하여 교재를 구성하였습니다. 〈사고와 표현 기초편〉은 듣기와 말하기 능력 함양에 초점을 두었으며, 한 학기 주 3시간 15주 과정으로 총 두 학기에 적합한 분량입니다.

교재의 구성은 도입, 학습, 마무리의 세 단계로 나누었습니다. 도입 단계에서는 각 과의 학습 목표를 제시하고 대화문 듣기를 통해 과별 주제와 목표 어휘와 문법을 파악할 수 있도록 하였습니다. 학습 단계에서는 목표 어휘와 문법을 학습하고 말하기 활동과 발음 연습을 통해 구어 능력을 함양하도록 하였습니다. 마무리 단계에서는 세종 Tip을 통해 수강 신청과 성적 확인, 교내 시설 등의 유용한 정보를 제시하였으며 어휘노트를 제공하여 복습 또는 과제로 활용할 수 있도록 하였습니다.

**단원 구성**

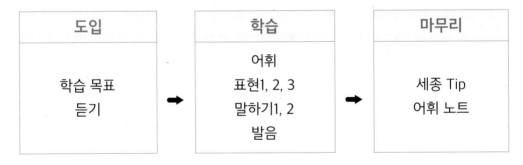

- 학습 목표: 각 단원에서 공부할 내용을 제시하고 학습 동기를 부여합니다.
- 듣기: 대화문을 듣고 질문에 답하며 들은 내용을 확인합니다.
- 어휘: 주제와 관련된 어휘를 학습합니다.
- 표현: 각 문법 표현의 형태 규칙과 예문을 확인합니다.
        연습 문제를 통해 각 문법 표현의 규칙과 의미를 익힙니다.
- 말하기: 학습한 문법과 어휘를 사용하여 말해 봅니다.
- 발음: 자연스럽고 유창한 의사소통을 위해 발음 규칙을 익힙니다.
- 세종 Tip: 대학 생활과 학업에 필요한 정보를 확인합니다.
- 어휘 노트: 각 단원에 등장한 새로운 어휘를 복습합니다.

# 목차

| 장 | 제목 | 표현 | 발음 | 세종 Tip |
|---|---|---|---|---|
| - | 한글 소개 | 한글 소개,<br>자모와 기본 동사 및 형용사 | - | - |
| 1장 | 대학생활의<br>시작 | N은/는 N이에요<br>N이/가 뭐예요?, N이/가 아니에요 | 연음 | 세종대 상징 |
| 2장 | 대학 캠퍼스 | N이/가 있어요/없어요,<br>N에(위치), N하고 | 경음화 | 세종대학교 캠퍼스 안내 |
| 3장 | 학교 생활 | V/A-아/어요,<br>N을/를, N에서(위치) | 겹받침 | 세종한국어문화교육센터 |
| 4장 | 주말 활동 | V/A-았/었어요,<br>안 V/A, N에(시간) | 'ㅢ' 발음 1 | 학술정보원 |
| 5장 | 시험 공지 | V-(으)ㄹ 거예요, V-(으)세요,<br>V-지 마세요, -니까 | 'ㅘ' 발음 | 성적 확인 |
| 6장 | 대학 축제 | V-(으)ㄹ까요?,<br>V-고 싶다, 단위명사 | 'ㅎ' 발음 | 대학 축제 |
| 7장 | 교수님 면담 | V/A-지요?, N께서 V/A-(으)시,<br>V/A-지만 | 'ㅎ' 약화 | 학생회관 |
| 8장 | 방학 | V-(으)러, 못 V,<br>V-(으)ㄹ 줄 알다/모르다 | 격음화 1 | 학생회 |

| 장 | 제목 | 표현 | 발음 | 세종 Tip |
|---|---|---|---|---|
| 9장 | 개강 | N(이)라고 하다, V-(으)려고, V/A-았/었으면 좋겠다 | 격음화 2 | 동아리 활동 |
| 10장 | 건강 관리 | A-아/어 보이다, V-아/어야지요, V-아/어야겠나 | 'ㄴ'첨가 | 보건실 |
| 11장 | 조별 활동 | V-아/어 주다, V-(으)ㄹ게요, 반말 | 비음화 1 | 스터디룸 |
| 12장 | 비교과 활동 | V-아/어 보다, V/A-(으)ㄴ/는, V/A-(으)ㄴ/는지 알다/모르다 | 유음화 | 비교과 프로그램 |
| 13장 | 시험 결과 | V-(으)ㄴ, V-(으)ㄹ, V/A-잖아요 | 비음화 2 | 부정행위 |
| 14장 | 축제 준비 | V/A-(으)ㅂ시다, 간접화법, V-(으)ㄹ까 하다 | 'ㅢ' 발음 2 | 축제 패션쇼 |
| 15장 | 과제 제출 | V-느라고, V-다가, V-(으)ㄹ 뻔하다 | 의문문 억양 1 | 학생생활상담소 |
| 16장 | 졸업생 특강 | V/A-(으)ㄴ/는데, V/A-았/었던, V/A-던 | 의문문 억양 2 | 박물관 |

한글 소개
Introduction to Hangeul

한글은 무엇인가요?
What is Hangeul?

한글은 한국의 고유 문자입니다. 전 세계에서 자국어를 가진 나라는 28개국이며, 고유문자는 한글, 한자, 로마자, 아라비아문자, 인도문자, 에티오피아문자 등 6개뿐입니다.

Hangeul is a unique Korean alphabet. There are 28 countries in the world that have their own language, and there are only 6 unique alphabet: Hangeul, Chinese, Roman, Arabic, Indian, and Ethiopian.

한글은 조선시대인 1443년에 세종대왕에 의해 창제되었습니다. 처음 창제되었을 때는 '백성을 가르치는 바른 소리'라는 의미의 '훈민정음(訓民正音)'이라고 불리었으나 20세기 초 국어학자 주시경에 의해 '한글'이라는 이름으로 불리기 시작했습니다.

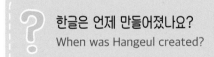

한글은 언제 만들어졌나요?
When was Hangeul created?

Hangeul was created by King Sejong the Great in 1443 druing the Joseon Dynasty. When it was first created, it was called 'Hun-min-jeong-eum', meaning 'the right sound to teach the people', but in the early 20th century, it began to be called 'Hangeul' by Ju Si-gyeong, a Korean linguist.

? 한글은 어떻게 만들어졌나요?
How was Hangeul created?

한글의 모음은 하늘, 땅, 사람을 표현한 ·(하늘), ─(땅), ㅣ(사람)을 조합하여 기본 글자를 만들었으며 한글의 자음은 발음 기관인 혀와 입술, 목구멍 등의 모양을 표현하여 기본 글자를 만들었습니다. 그리고 여기에 획을 더하는 방식으로 전체 글자를 만들었습니다.

The vowels of Hangeul are made by combining ·(sky), ─(earth), ㅣ(person), which represent sky, earth, and people. The consonants of Hangel where created by expressing the shape of the tongue, lips, and throat, which are the pronunciation organs. And the rest of the letters were created by adding strokes to it.

### 모음의 제자 원리 The principles of Volews

● + ─ = ㅗ

ㅣ + ● = ㅏ

### 자음의 제자 원리 The principles of consonants

발음 기관 이미지

ㄱ + - = ㅋ

ㄴ + - = ㄷ

ㄷ + - = ㅌ

**한글의 모음과 자음은 모두 몇 개인가요?**
How many vowels and
consonants are there in Hangeul?

현재 사용하는 모음은 21개,
자음은 19개입니다.

Currently, there are 21 vowels and 19
consonants.

| 모음 | ㅏ | ㅑ | ㅓ | ㅕ | ㅗ | ㅛ | ㅜ | ㅠ | ㅡ | ㅣ |
|------|------|------|------|------|------|------|------|------|------|------|
| 발음 | [a] | [ya] | [ə] | [yə] | [o] | [yo] | [u] | [yu] | [ɨ] | [i] |

| 모음 | ㅐ | ㅒ | ㅔ | ㅖ | ㅘ | ㅙ | ㅚ | ㅝ | ㅞ | ㅟ | ㅢ |
|------|------|------|------|------|------|------|------|------|------|------|------|
| 발음 | [ɛ] | [yɛ] | [e] | [ye] | [wa] | [wɛ] | [we] | [wə] | [we] | [wi] | [ɯi] |

| 자음 | ㄱ | ㄴ | ㄷ | ㄹ | ㅁ | ㅂ | ㅅ | ㅇ | ㅈ | ㅊ | ㅋ | ㅌ | ㅍ | ㅎ |
|------|------|------|------|------|------|------|------|------|------|------|------|------|------|------|
| 발음 | [k/g] | [n] | [t/d] | [r/l] | [m] | [p/b] | [s] | [ø/ŋ] | [ʧ/j] | [ʧʰ] | [kʰ] | [tʰ] | [pʰ] | [h] |

| 자음 | ㄲ | ㄸ | ㅃ | ㅆ | ㅉ |
|------|------|------|------|------|------|
| 발음 | [kˈ] | [tˈ] | [pˈ] | [sˈ] | [ʧˈ] |

**한글은 어떻게 쓰나요?**
How do you write Hangeul?

한국어는 네 가지의 음절 구조로 표현합니다.

There are four diffrent types of Korean syllable
structure.

| 모음 vowel | 아, 이, 오 |
|---|---|
| 자음 + 모음 consonant + vowel | 가, 나, 도 |
| 모음 + 자음 vowel + consonant | 안, 옷, 입 |
| 자음 + 모음 + 자음<br>consonant + vowel + consonant | 돈, 곰, 강 |

첫째, 모음으로 시작하는 음절은 소리가 없는 자음 'ㅇ'을 함께 씁니다.
First, Syllables starting with a vowel are written together with the soundless consonant 'ㅇ'.

아, 이, 오   안, 옷, 입

둘째, 자음을 왼쪽에 써야 하는 모음과 위에 써야 하는 모음이 있습니다.
Second, There is a vowel in which the consonant is written on the left and a vowel in which the consonant is written on the top.

 가, 너, 대, 미      고, 느, 두, 의

셋째, 자음으로 끝나는 음절은 마지막 자음을 아래쪽에 씁니다.
Third, For syllables ending in a consonant, write the last consonant below,

 강, 돈, 곰, 영

교실 언어 Classroom language

안녕하세요?
Hello

안녕하세요?
Hello

감사합니다.
Thank you

아닙니다.
Your're welcome

죄송합니다.
I'm sorry

괜찮습니다.
That's okay

괜찮아요?
Is it okay?

네 / 아니요.
Yes / No

**들으세요.**
Please listen carefully

**따라 하세요.**
Please repeat

**읽으세요.**
Please read

**쓰세요.**
Please write

**보세요.**
Please look here

**이야기하세요.**
Please talk

**알아요.**
I understand /
I know

**몰라요.**
I don't understand /
I don't know

**좋아요.**
Good

**잘했어요.**
Good job

**한글 익히기** Hangeul – **모음1** Vowels 1

| 모음 | ㅏ | ㅑ | ㅓ | ㅕ | ㅗ | ㅛ | ㅜ | ㅠ | ㅡ | ㅣ |
|------|-----|------|-----|------|-----|------|-----|------|-----|-----|
| 발음 | [a] | [ya] | [ə] | [yə] | [o] | [yo] | [u] | [yu] | [ɨ] | [i] |
| 쓰는 순서 | | | | | | | | | | |

🔊 **듣고 따라 하세요.** Listen and repeat

아 야 어 여 오 요 우 유 으 이

✏️ **연습하세요.** Practice writing

| | | | | | | | | | | |
|------|------|---|---|---|------|------|---|---|---|---|
| ㅏ | ㅏ | | | | 아 | 아 | | | | |
| ㅑ | ㅑ | | | | 야 | 야 | | | | |
| ㅓ | ㅓ | | | | 어 | 어 | | | | |
| ㅕ | ㅕ | | | | 여 | 여 | | | | |
| ㅗ | ㅗ | | | | 오 | 오 | | | | |
| ㅛ | ㅛ | | | | 요 | 요 | | | | |
| ㅜ | ㅜ | | | | 우 | 우 | | | | |
| ㅠ | ㅠ | | | | 유 | 유 | | | | |
| ㅡ | ㅡ | | | | 으 | 으 | | | | |
| ㅣ | ㅣ | | | | 이 | 이 | | | | |

🔊 **잘 듣고 맞는 것을 고르세요.** Listen carefully and choose the correct pronunciation

1) ① 아　② 어　③ 오　　　　2) ① 야　② 여　③ 요

3) ① 오　② 우　③ 으　　　　4) ① 으　② 이　③ 우

🔊 **단어를 잘 듣고 따라하세요.** Listen carefully and repeat

　　　　　　　　(숫자)오　　　(숫자)이

아이　　　　오이　　　　여우　　　　우유

✏️ **연습하세요.** Practice writing

| 오 | | | | | |
|---|---|---|---|---|---|
| 이 | | | | | |
| 아이 | | | | | |
| 오이 | | | | | |
| 여우 | | | | | |
| 우유 | | | | | |

◉ **받아쓰기** Dictation

1)

2)

3)

4)

**한글 익히기** Hangeul – **자음1** Consonant 1

| 자음 | ㄱ | ㄴ | ㄷ | ㄹ | ㅁ | ㅂ | ㅅ |
|---|---|---|---|---|---|---|---|
| 발음 | [k/g] | [n] | [t/d] | [r/l] | [m] | [p/b] | [s] |
| 쓰는 순서 | | | | | | | |

| 자음 | ㅇ | ㅈ | ㅊ | ㅋ | ㅌ | ㅍ | ㅎ |
|---|---|---|---|---|---|---|---|
| 발음 | [ø/ŋ] | [ʧ/j] | [ʧʰ] | [kʰ] | [tʰ] | [pʰ] | [h] |
| 쓰는 순서 | | | | | | | |

🔊 **듣고 따라 하세요.** Listen and repeat

가 나 다 라 마 바 사 아 자 차 카 타 파 하

✎ **연습하세요.** Practice writing

| ㄱ | ㄴ | ㄷ | ㄹ | ㅁ | ㅂ | ㅅ |
|---|---|---|---|---|---|---|
| ㄱ | ㄴ | ㄷ | ㄹ | ㅁ | ㅂ | ㅅ |
| | | | | | | |
| | | | | | | |
| | | | | | | |

| ㅇ | ㅈ | ㅊ | ㅋ | ㅌ | ㅍ | ㅎ |
|---|---|---|---|---|---|---|
| ㅇ | ㅈ | ㅊ | ㅋ | ㅌ | ㅍ | ㅎ |
| | | | | | | |
| | | | | | | |
| | | | | | | |

✎ **연습하세요. Practice writing**

| | ㅏ | ㅑ | ㅓ | ㅕ | ㅗ | ㅛ | ㅜ | ㅠ | ㅡ | ㅣ |
|---|---|---|---|---|---|---|---|---|---|---|
| ㄱ | 가 | 갸 | 거 | | | | | | | |
| ㄴ | | | | | | | | | | |
| ㄷ | | | | | | | | | | |
| ㄹ | | | | | | | | | | |
| ㅁ | | | | | | | | | | |
| ㅂ | | | | | | | | | | |
| ㅅ | | | | | | | | | | |
| ㅇ | | | | | | | | | | |
| ㅈ | | | | | | | | | | |
| ㅊ | | | | | | | | | | |
| ㅋ | | | | | | | | | | |
| ㅌ | | | | | | | | | | |
| ㅍ | | | | | | | | | | |
| ㅎ | | | | | | | | | | |

🔊 잘 듣고 맞는 것을 고르세요. Listen carefully and choose the correct pronunciation

1) ① 가　② 카　　2) ① 바　② 파

3) ① 자　② 차　　4) ① 아　② 하

🔊 단어를 잘 듣고 따라하세요. Listen carefully and repeat

| | | | |
|---|---|---|---|
| 가구 | 고기 | 구두 | 나이 |
| 누구 | 다리 | 머리 | 모기 |
| 나비 | 바나나 | 버스 | 바지 |
| 소리 | 사자 | 어머니 | 오리 |
| 지구 | 기차 | 코 | 카드 |
| 티셔츠 | 포도 | 휴지 | |

 연습하세요. Practice writing

| 가구 | | | 소리 | | |
|---|---|---|---|---|---|
| 고기 | | | 사자 | | |
| 구두 | | | 어머니 | | |
| 나이 | | | 오리 | | |
| 누구 | | | 지구 | | |

| | | | | | |
|---|---|---|---|---|---|
| 다리 | | | 기차 | | |
| 머리 | | | 코 | | |
| 모기 | | | 카드 | | |
| 나비 | | | 티셔츠 | | |
| 바나나 | | | 포도 | | |
| 버스 | | | 휴지 | | |
| 바지 | | | | | |

◉ 받아쓰기 Dictation

1)

2)

3)

4)

**한글 익히기** Hangeul – **모음2** Vowels 2

| 모음 | ㅐ | ㅔ | ㅒ | ㅖ | ㅘ | ㅝ | ㅙ | ㅞ | ㅚ | ㅟ | ㅢ |
|------|-----|-----|------|------|------|------|------|------|------|------|------|
| 발음 | [ɛ] | [e] | [yɛ] | [ye] | [wa] | [wə] | [wɛ] | [we] | [we] | [wi] | [ɰi] |
| 쓰는 순서 | | | | | | | | | | | |

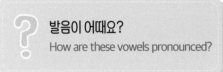 **발음이 어때요?**
How are these vowels pronounced?

 **듣고 따라 하세요.** Listen and repeat

애 에 얘 예 와 워 왜 웨 외 위 의

**연습하세요.** Practice writing

| ㅐ | ㅐ | | | | 애 | 애 | | |
|------|------|---|---|---|------|------|---|---|
| ㅔ | ㅔ | | | | 에 | 에 | | |
| ㅒ | ㅒ | | | | 얘 | 얘 | | |
| ㅖ | ㅖ | | | | 예 | 예 | | |

| ㅘ | ㅘ | | | | | ㅙ | ㅘ | | | | |
|---|---|---|---|---|---|---|---|---|---|---|---|
| ㅝ | ㅝ | | | | | ㅝ | ㅝ | | | | |
| ㅙ | ㅙ | | | | | ㅙ | ㅙ | | | | |
| ㅞ | ㅞ | | | | | ㅞ | ㅞ | | | | |
| ㅚ | ㅚ | | | | | ㅚ | ㅚ | | | | |
| ㅟ | ㅟ | | | | | ㅟ | ㅟ | | | | |
| ㅢ | ㅢ | | | | | ㅢ | ㅢ | | | | |

🔊 **잘 듣고 맞는 것을 고르세요.** Listen carefully and choose the correct pronunciation

1)  ① 애   ② 예   ③ 웨          2)  ① 위   ② 의   ③ 외

3)  ① 와   ② 워   ③ 왜          4)  ① 애   ② 에   ③ 웨

🔊 **단어를 잘 듣고 따라하세요.** Listen carefully and repeat

| 새 | 지우개 | 사과 | 게 | 개 |
|---|---|---|---|---|
| 개미 | 과자 | 샤워 | 귀 | 가위 |
| 회사 | 왜 | 돼지 | 예의 | 위치 |
| 카메라 | 의자 | 의사 | 시계 | 스웨터 |

## 연습하세요. Practice writing

| 새 | | | 회사 | | |
|---|---|---|---|---|---|
| 지우개 | | | 왜 | | |
| 사과 | | | 돼지 | | |
| 게 | | | 예의 | | |
| 개 | | | 위치 | | |
| 개미 | | | 카메라 | | |
| 과자 | | | 의자 | | |
| 샤워 | | | 의사 | | |
| 귀 | | | 시계 | | |
| 가위 | | | 스웨터 | | |

## ◉ 받아쓰기 Dictation

1)

2)

3)

4)

**한글 익히기** Hangeul – **자음 2** Consonants 2

| 자음 | ㄲ | ㄸ | ㅃ | ㅆ | ㅉ |
|------|------|------|------|------|------|
| 발음 | [k'] | [t'] | [p'] | [s'] | [ʧ'] |
| 쓰는 순서 | | | | | |

🔊 **듣고 따라 하세요.** Listen and repeat

까　　따　　빠　　싸　　짜

✍️ **연습하세요.** Practice writing

| ㄲ | ㄸ | ㅃ | ㅆ | ㅉ |
|------|------|------|------|------|
| ㄲ | ㄸ | ㅃ | ㅆ | ㅉ |
| | | | | |
| | | | | |
| | | | | |

| | ㅏ | ㅑ | ㅓ | ㅕ | ㅗ | ㅛ | ㅜ | ㅠ | ㅡ | ㅣ |
|------|------|------|------|------|------|------|------|------|------|------|
| ㄲ | 까 | 꺄 | 꺼 | | | | | | | |
| ㄸ | | | | | | | | | | |
| ㅃ | | | | | | | | | | |
| ㅆ | | | | | | | | | | |
| ㅉ | | | | | | | | | | |

🔊 잘 듣고 맞는 것을 고르세요. Listen carefully and choose the correct pronunciation

1)  ① 가다  ② 까다       2)  ① 비다  ② 삐다  ③ 피다

3)  ① 타다  ② 따다       4)  ① 자다  ② 짜다  ③ 차다

5)  ① 사다  ② 싸다

🔊 단어를 잘 듣고 따라하세요. Listen carefully and repeat

| 까치 | 꼬리 | 코끼리 |
| 로또 | 머리띠 | 아빠 |
| 오빠 | 뽀뽀 | 쓰레기 |
| 짜다 | 싸다 | 찌개 |

✏️ 연습하세요. Practice writing

| 까치 | | | 오빠 | | |
|---|---|---|---|---|---|
| 꼬리 | | | 뽀뽀 | | |
| 코끼리 | | | 쓰레기 | | |
| 로또 | | | 짜다 | | |
| 머리띠 | | | 싸다 | | |
| 아빠 | | | 찌개 | | |

**한글 익히기** Hangeul – **받침** Batchim (Consonant bases)

**받침이 뭐예요?**

받침은 음절의 마지막에 오는 자음입니다. 16개의 자음을 받침으로 사용할 수 있지만 발음은 7가지입니다.

Batchim is a consonant that comes at the end of a syllable. There are 16 consonants available, but there are only 7 pronunciations.

| 받침 | ㄱㅋㄲ | ㄴ | ㄷㅌㅅㅆ ㅈㅊㅎ | ㄹ | ㅁ | ㅂㅍ | ㅇ |
|---|---|---|---|---|---|---|---|
| 발음 | ㄱ [k˺] | ㄴ [n] | ㄷ [t˺] | ㄹ [l] | ㅁ [m] | ㅂ [p˺] | ㅇ [ŋ] |
| 예 | 책[책] 부엌[부억] 밖[박] | 안[안] | 곧[곧] 솥[솓] 옷[옫] 있다[읻] 낮[낟] 꽃[꼳] 히읗[읃] | 말[말] | 감[감] | 밥[밥] 앞[압] | 강[강] |

🔊 **듣고 따라 하세요.** Listen and repeat

| | | | |
|---|---|---|---|
| 책 | 부엌 | 밖 | 안 |
| 곧 | 솥 | 옷 | 있다 |
| 낮 | 꽃 | 히읗 | 말 |
| 감 | 밥 | 앞 | 강 |

잘 듣고 맞는 것을 고르세요. Listen carefully and choose the correct pronunciation

| | | | |
|---|---|---|---|
| 1) | ① 각 | ② 감 | ③ 강 |
| 2) | ① 난 | ② 낮 | ③ 납 |
| 3) | ① 달 | ② 담 | ③ 답 |
| 4) | ① 말 | ② 만 | ③ 맘 |
| 5) | ① 꼭 | ② 꼰 | ③ 꽁 |
| 6) | ① 앞 | ② 암 | ③ 악 |

 단어를 잘 듣고 따라하세요. Listen carefully and repeat

| | | | |
|---|---|---|---|
| 학교 | 부엌 | 낚시 | 가족 |
| 돈 | 눈 | 밭 | 옷 |
| 꽃 | 있다 | 같다 | 받다 |
| 계절 | 할머니 | 엄마 | 컴퓨터 |
| 집 | 무릎 | 동생 | 영화 |

 연습하세요. Practice writing

| 학교 | | | 같다 | | |
|---|---|---|---|---|---|
| 부엌 | | | 받다 | | |
| 낚시 | | | 계절 | | |
| 가족 | | | 할머니 | | |
| 돈 | | | 엄마 | | |

| 눈 | | | 컴퓨터 | | |
|---|---|---|---|---|---|
| 밭 | | | 집 | | |
| 옷 | | | 무릎 | | |
| 꽃 | | | 동생 | | |
| 있다 | | | 영화 | | |

◉ **받아쓰기** Dictation

1)

2)

3)

4)

5)

기본 어휘
Basic Vocabulary

**읽으세요.** Read aloud

 장소 PLACE

대학교

강의실

도서관

학과사무실

학생회관

학생식당

기숙사

화장실

서점

커피숍

은행

우체국

# 기본 형용사 BASIC ADJECTIVE

| | |
|---|---|
| 좋다 | 나쁘다 |
| 재미있다 | 재미없다 |
| 많다 | 적다 |
| 크다 | 작다 |
| 높다 | 낮다 |
| 싸다 | 비싸다 |
| 빠르다 | 느리다 |
| 덥다 | 춥다 |
| 조용하다 | 시끄럽다 |
| 깨끗하다 | 더럽디 |
| 무겁다 | 가볍다 |
| 가깝다 | 멀다 |

# ➕ 기본 동사 BASIC VERB

| | | | |
|---|---|---|---|
| 읽다 | 쓰다 | 말하다 | 듣다 |
| 공부하다 | 일하다 | 전화하다 | 운동하다 |
| 먹다 | 마시다 | 자다 | 일어나다 |
| 가다 | 오다 | 알다 | 모르다 |
| 주다 | 받다 | 사다 | 팔다 |

 숫자 NUMBERS

| 0 | 1 | 2 | 3 | 4 | 5 | 6 | 7 | 8 | 9 | 10 |
|---|---|---|---|---|---|---|---|---|---|---|
| 영(공) | 일 | 이 | 삼 | 사 | 오 | 육 | 칠 | 팔 | 구 | 십 |
| | 하나 | 둘 | 셋 | 넷 | 다섯 | 여섯 | 일곱 | 여덟 | 아홉 | 열 |
| | 한 | 두 | 세 | 네 | 다섯 | 여섯 | 일곱 | 여덟 | 아홉 | 열 |

| 100 | 1,000 | 10,000 |
|---|---|---|
| 백 | 천 | 만 |

## 1장

# 대학생활의 시작

## 안녕하세요. 전공이 뭐예요?

**학습 목표**

☆ 표현: -은/는 -이에요/예요, -이/가 뭐예요?, -이/가 아니에요

☆ 듣기: 자기소개 대화

☆ 발음: 연음

☆ 세종 Tip: 세종대 상징

# 듣기
## Listening

민수   안녕하세요.

프엉   안녕하세요.

민수   저는 김민수예요. 이름이 뭐예요?

프엉   저는 프엉이에요. 베트남 사람이에요.

민수   반가워요. 전공이 뭐예요?

프엉   제 전공은 경영학이에요. 민수 씨는 전공이 뭐예요?

민수   제 전공은 컴퓨터공학이에요.

프엉   저는 신입생이에요. 민수 씨도 신입생이에요?

민수   아니요, 저는 신입생이 아니에요.

프엉   네, 경영학과 사무실이 어디예요?

민수   경영학과 사무실은 집현관 1층이에요.

프엉   고마워요.

민수   아니에요.

---

1. 프엉 씨의 고향이 어디예요?
2. 민수 씨의 전공이 뭐예요?
3. 경영학과 사무실은 어디예요?

# 어휘
## Vocabulary

 **나라**

| | | |
|---|---|---|
| 한국 | 네팔 | 러시아 |
| 말레이시아 | 몽골 | 미국 |
| 베트남 | 우즈베키스탄 | 일본 |
| 중국 | 태국 | 프랑스 |

## ➕ 전공

| | | | | |
|---|---|---|---|---|
| 국어국문학 | Korean Language and Literature | | 행정학 | Public Administration |
| 영어영문학 | English Language and Literature | | 미디어커뮤니케이션학 | Media and Communication |
| 일어일문학 | Japanese Langauge and Literature | | 경제학 | Economics |
| 중국통상학 | Chinese Trade and Commerce | | 경영학 | Business Administration |

| | | | | |
|---|---|---|---|---|
| 호텔관광경영학 | Hospitality and Tourism Management | | 식품생명공학 | Food Science and Biotechnology |
| 외식경영학 | Food Service Management | | 바이오융합공학 | Integrative bioscience and Biotechnology |

| | | | | |
|---|---|---|---|---|
| 수학 통계학 | Mathematics and Statistics | | 컴퓨터공학 | Computer Science and Engineering |
| 물리천문학 | Physics and Astronomy | | 정보보호학 | Computer and information Security |
| 화학 | Chemistry | | 디자인이노베이션 | Innovation Design |
| 전자정보통신학 | Electrical Engineering | | 만화애니메이션텍 | Comics & Animation Technology |

| | | | | |
|---|---|---|---|---|
| 건축공학 | Architecture Engineering | | 회화 | Painting |
| 건설환경공학 | Civil and Environmental Engineering | | 패션디자인 | Fashion Design |
| 기계공학 | Mechanical Engineering | | 음악 | Music |
| 나노신소재공학 | NanoTechnology and Advanced Materials Engineering | | 체육 | Physical Education |
| 항공시스템공학 | Aerospace System Engineering | | 무용 | Dance |

## 표현 1
### Expression 1

N은/는 N이에요/예요

| 받침 O | 은 | 이름은 |
|--------|-----|--------|
| 받침 X | 는 | 저는 |

| 받침 O | 이에요, 이에요? | 프엉이에요, 프엉이에요? |
|--------|------------------|------------------------|
| 받침 X | 예요, 예요? | 김민수예요, 김민수예요? |

▶ 제 이름은 프엉이에요.

▶ 저는 베트남 사람이에요.

▶ 제 이름은 김민수예요.

▶ 저는 신입생이에요.

  보기와 같이 맞는 것에 ◯ 하세요.

**보기**  저 ( 은 /⟨는⟩) 프엉 (⟨이에요⟩/ 예요 ).

1) 제 이름 ( 은 / 는 ) 마이클 ( 이에요 / 예요 ).

2) 저 ( 은 / 는 ) 우즈베키스탄 사람 ( 이에요 / 예요 ).

3) 제 전공 ( 은 / 는 ) 회화 ( 이에요 / 예요 ).

4) 민수 씨 ( 은 / 는 ) 신입생 ( 이에요 / 예요 ).

5) 소냐 씨 고향 ( 은 / 는 ) 러시아 ( 이에요 / 예요 ).

**2** 보기와 같이 문장을 완성하세요.

> **보기**    저 / 김민수
>    → 저는 김민수예요.

1) 제 전공 / 국어국문학

   → _____

2) 융 씨 / 신입생

   → _____

3) 저 / 세종대학교 학생

   → _____

4) 루카스 / 제 친구

   → _____


**3** 나를 소개하세요. 옆 사람과 이야기하세요.

안녕하세요. 저는 김민수예요.
저는 한국 사람이에요.
제 전공은 경영학이에요.
저는 신입생이에요.

민수 씨는 한국 사람이에요.
민수 씨 전공은 경영학이에요.
민수 씨는 신입생이에요.

1) _____

   _____

   _____

2) _____

   _____

   _____

## 표현 2
### Expression 2

N이/가 뭐예요?

| 받침 O | 이 | 이름이 |
|---|---|---|
| 받침 X | 가 | 민수가 |

| 무엇, 뭐 | 무엇이에요?, 뭐예요? |
|---|---|
| 누구 | 누구예요? |
| 어디 | 어디예요? |

▶ 이름이 뭐예요?

▶ 민수 씨가 누구예요?

▶ 학과 사무실이 어디예요?

 보기와 같이 맞는 것에 ◯ 하세요.

  이름 ( 이 / 가 ) ( 뭐 / 누구 / 어디 ) 예요?

1) 전공 ( 이 / 가 ) ( 뭐 / 누구 / 어디 ) 예요?

2) 저 사람 ( 이 / 가 ) ( 뭐 / 누구 / 어디 ) 예요?

3) 화장실 ( 이 / 가 ) ( 뭐 / 누구 / 어디 ) 예요?

4) 전화번호 ( 이 / 가 ) ( 뭐 / 누구 / 어디 ) 예요?

5) 안 씨 ( 이 / 가 ) ( 뭐 / 누구 / 어디 ) 예요?

**보기와 같이 대화를 완성하세요.**

**보기**
가: <u>이름이 뭐예요?</u>
나: 저는 프엉이에요.

1) 가 : _____?
   나 : 저는 컴퓨터공학이에요.

2) 가 : _____?
   나 : 제 고향은 말레이시아예요.

3) 가 : _____?
   나 : 제가 이도현이에요.

4) 가 : _____?
   나 : 학과사무실은 집현관 9층이에요.

**옆 사람과 이야기하세요.**

이름이 뭐예요?
고향이 어디예요?
전공이 뭐예요?

| 이름 | 고향(나라) | 전공 |
|------|-----------|------|
|  |  |  |
|  |  |  |
|  |  |  |

## 표현3
### Expression 3

N이/가 아니에요

| 받침 O | 이 | 신입생이 아니에요. |
|--------|-----|----------------|
| 받침 X | 가 | 친구가 아니에요. |

▶ 가: 신입생이에요?

나: 아니요, 저는 신입생이 아니에요.

▶ 가: 고향이 러시아예요?

나: 아니요, 러시아가 아니에요.

 보기와 같이 문장을 완성하세요.

 신입생 X, 2학년 O

→ 저는 신입생이 아니에요. 2학년이에요.

1) 호텔관광경영 X, 패션디자인 O

→ _____.

2) 민수 X, 지우양 O

→ _____.

3) 집현관 X, 광개토관 O

→ _____.

4) 인도 X, 네팔 O

→ _____.

**2** 보기와 같이 대화를 완성하세요.

> **보기**
>
> 가: 민수 씨는 중국 사람이에요?
>
> 나: <u>아니요, 저는 중국 사람이 아니에요. 한국 사람이에요.</u>

1) 가: 전공이 음악이에요?

  나: _____.

2) 가: 4학년이에요?

  나: _____.

3) 가: 이름이 마이클이에요?

  나: _____.

4) 가: 학과사무실이 세종관이에요?

  나: _____.

**3** 옆 사람과 이야기하세요.

> 이름이 김동욱이에요?
> 한국 사람이에요?
> 전공이 국어국문학이에요?

| 이름 | 고향(나라) | 전공 |
|---|---|---|
|  |  |  |
|  |  |  |
|  |  |  |
|  |  |  |

# 말하기 1
## Speaking 1

**옆 사람과 이야기하세요. 누구예요?**

 보기

가: 베트남 사람이에요?

나: 아니요, 베트남 사람이 아니에요.

가: 우즈베키스탄 사람이에요?

나: 네, 우즈베키스탄 사람이에요.

가: 전공이 컴퓨터 공학이에요?

나: 아니요, 컴퓨터 공학이 아니에요.

가: 전공이 호텔관광경영이에요?

나: 네, 호텔관광경영이에요.

가: 무하메드 씨예요?

나: 네!

김민수 / 한국
컴퓨터공학

우양 / 중국
호텔관광경영

아밋 / 우즈베키스탄
호텔관광경영

프엉 / 베트남
국어국문

마이 / 베트남
패션디자인

루비나 / 러시아
경영

우항우 / 대만
음악

모브 / 우즈베키스탄
경제통상

|  |  |  |  |
|---|---|---|---|
| 왕호 / 중국<br>음악 | 잠시드 / 파키스탄<br>컴퓨터공학 | 레이핑 / 홍콩<br>무용 | 샤오만 / 중국<br>무용 |

 **말하기 2**
Speaking 2

두 사람이 함께 대화문을 만들어 보세요.
아래의 표현을 반드시 한 번 이상 사용해야 해요.

---

1) N은/는 -이에요/예요

2) N이/가 뭐예요?

3) N이/가 누구예요?

4) N이/가 어디예요?

5) N이/가 아니에요

---

_____

_____

_____

_____

_____

※ 대화문을 보지 않고 사람들 앞에서 대화해 보세요.

# 발음
## Pronunciation

 연음

> 이름이 뭐예요?
> [이르미 뭐예요]

 **듣고 따라하세요.**

| | | | |
|---|---|---|---|
| 발음[바름] | 사람이[사라미] | 음악[으막] | 신입생[시닙쌩] |

**2** **연음에 주의해서 말하세요.**

민수  안녕하세요.

프엉  안녕하세요.

민수  저는 김민수예요. 이름이 뭐예요?

프엉  저는 프엉이에요. 베트남 사람이에요.

민수  반가워요. 전공이 뭐예요?

프엉  제 전공은 경영학이에요. 민수 씨는 전공이 뭐예요?

민수  제 전공은 컴퓨터공학이에요.

프엉  저는 신입생이에요. 민수 씨도 신입생이에요?

민수  아니요, 저는 신입생이 아니에요.

프엉  네, 경영학과사무실이 어디예요?

민수  경영학과사무실은 집현관 1층이에요.

프엉  고마워요.

민수  아니에요.

# History
# of Sejong University
세종대학교 연혁입니다.

## Become creative challengers that communicate with the world.

1940  This institution was first founded as the Kyung Sung Humanities Institute.

1954  The institute was reorganized from the Seoul College of Education for Family and Nursing into the Soodo Women's College of Education.

1978  The institution's name was changed from the Soodo Women's College to Sejong College.

1987  Sejong College was promoted from a college into a university.

# 세종 상징 UI

세종대의 역사성, 정통성, 교육정신 상징
Originality, Academic, Heritage

## 2장

# 대학 캠퍼스

## 세종대학교에 우체국이 있어요?

**학습 목표**

☆ **표현:** -이/가 있어요/없어요, -에(위치), 하고
☆ **듣기:** 위치 묻기
☆ **발음:** 경음화
☆ **세종 Tip:** 세종대학교 캠퍼스 안내

타오  세종대학교에 우체국이 있어요?

수혁  네, 우체국이 있어요. 군자관 1층에 있어요.

타오  군자관이 어디에 있어요?

수혁  광개토관 왼쪽에 있어요.

타오  군자관에 뭐가 있어요?

수혁  1층에 복사실하고 서점이 있어요.

타오  2층에 무엇이 있어요?

수혁  2층하고 3층, 4층에 강의실이 있어요. 5층에 식당이 있어요.

타오  군자관에 편의점이 있어요?

수혁  아니요, 군자관에 편의점이 없어요.

타오  편의점이 어디에 있어요?

수혁  학생회관 1층에 편의점이 있어요. 학생회관은 정문 오른쪽에 있어요.

---

1. 우체국이 어디에 있어요?

2. 군자관 1층에 뭐가 있어요?

3. 편의점이 어디에 있어요?

# 어휘
## Vocabulary

 시설물

| | | | |
|---|---|---|---|
| 학교 | 교실/강의실 | 운동장 | 체육관 |
| 농구장 | 도서관 | 학생회관 | 기숙사 |
| 서점 | 복사실 | 편의점 | 식당 |
| 카페 | 은행 | 우체국 | 공원 |
| 병원 | 약국 | 극장 | 백화점 |

# ⊕ 물건

| | | |
|---|---|---|
| 책상 | 의자 | 책 |
| 연필 | 볼펜 | 지우개 |
| 컴퓨터 | 노트북 | 휴대폰 |
| 가방 | 지갑 | 돈 |
| 교통카드 | 가족사진 | 시계 |

# ⊕ 방향

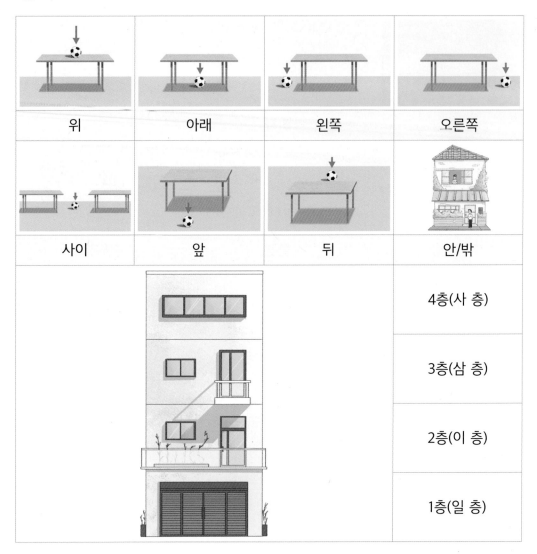

| | | | |
|---|---|---|---|
| 위 | 아래 | 왼쪽 | 오른쪽 |
| 사이 | 앞 | 뒤 | 안/밖 |

| | |
|---|---|
| | 4층(사 층) |
| | 3층(삼 층) |
| | 2층(이 층) |
| | 1층(일 층) |

## 표현 1
### Expression 1

N이/가 있어요/없어요

| 받침 O | 이 | 책상이 있어요, 없어요 |
|--------|----|----------------------|
| 받침 X | 가 | 의자가 있어요, 없어요 |

▶ 서점이 있어요.

▶ 카페가 없어요.

▶ 가: 우체국이 있어요?

　나: 네, 우체국이 있어요.

　　아니요, 우체국이 없어요.

### ① 문장을 완성하세요.

**물건 / 시설물**

| 1) 책상 | O | 1) __책상이 있어요.__ |
|---------|---|----------------------|
| 2) 의자 | X | 2) _____ |
| 3) 컴퓨터 | O | 3) _____ |
| 4) 편의점 | O | 4) _____ |
| 5) 식당 | O | 5) _____ |
| 6) 테니스장 | X | 6) _____ |

## 2 대화를 완성하세요.

1) 가: 컴퓨터가 있어요?

　　나: 네, <u>컴퓨터가 있어요.</u>

2) 가: 한국어 책이 있어요?

　　나: 아니요, ＿＿＿＿＿＿＿＿＿＿＿＿＿＿＿＿＿.

3) 가: 교통카드가 있어요?

　　나: 네, ＿＿＿＿＿＿＿＿＿＿＿＿＿＿＿＿＿＿.

4) 가: ＿＿＿＿＿＿＿＿＿＿＿＿＿＿＿＿＿＿?

　　나: 아니요, 한국 돈이 없어요.

5) 가: ＿＿＿＿＿＿＿＿＿＿＿＿＿＿＿＿＿＿?

　　나 : 네, 노트북이 있어요.

**3** 옆 사람과 이야기하세요.

한국 돈이 있어요?

네, 있어요.

아니요, 없어요.

| 질문 | | 친구 1 | 친구 2 |
|---|---|---|---|
| | 한국 돈이 있어요? | ○ | × |
| | 한국 친구가 있어요? | | |
| | 신분증이 있어요? | | |
| | 교통카드가 있어요? | | |
| | 가족사진이 있어요? | | |
| | _____이/가 있어요? | | |

## 표현 2
### Expression 2

N위/아래/앞/뒤/옆/안에

▷ 볼펜이 책상 위에 있어요.

▷ 가방이 의자 옆에 있어요.

▷ 가: 휴대폰이 어디에 있어요?

　나: 가방 안에 있어요.

**1** 보기와 같이 문장을 만드세요.

 편의점 / 학생회관 1층 / 있어요.

→ 편의점이 학생회관 1층에 있어요.

1) 공책 / 가방 안 / 있어요

→ _____

2) 운동장 / 도서관 앞 / 있어요

→ _____

3) 화장실 / 엘리베이터 옆 / 있어요

→ _____

4) 식당 / 5층 / 있어요

→ _____

## 2 보기와 같이 대화를 완성하세요.

**보기**

가: 복사실이 어디에 있어요?
나: 군자관에 있어요. (군자관)

1) 가: 학생식당이 어디에 있어요?

나: _____. (학생회관)

2) 가: 하이 씨가 어디에 있어요?

나: _____. (도서관)

3) 가: 학과사무실이 몇 층에 있어요?

나: _____. (3층)

4) 가: 수혁 씨가 도서관에 있어요?

나: 아니요, _____. (커피숍)

5) 가: 서점이 광개토관에 있어요?

나: 아니요, _____. (군자관)

보기와 같이 옆 사람과 이야기하세요.

 가: 우리 학교에 우체국이 있어요?

나: 네, 있어요.

가: 어디에 있어요?

나: 군자관에 있어요.

가: 집 근처에 극장이 있어요?

나: 아니요, 없어요.

가: 그럼 약국이 있어요?

나: 네, 있어요.

가: 어디에 있어요?

나: 지하철역 옆에 있어요.

_____이/가 있어요?
어디에 있어요?

| 우리 학교 | | 집 근처 | |
|---|---|---|---|
| 우체국 | 은행 | 극장 | 백화점 |
| 서점 | 편의점 | 약국 | 한국 식당 |
| 도서관 | 농구장 | 공원 | 대학교 |
| 식당 | | 지하철역 | |

## 표현 3
Expression 3

> **N하고 N**
>
> ▶ 책상하고 의자
>
> ▶ 지우개하고 연필
>
> ▶ 가: 교실에 뭐가 있어요?
>
>    나: 책상하고 의자가 있어요.
>
> ▶ 가: 군자관에 뭐가 있어요?
>
>    나: 서점하고 복사실이 있어요.

 보기와 같이 문장을 완성하세요.

    교실에 의자가 있어요. 책상이 있어요.

→ <u>교실에 의자하고 책상이 있어요.</u>

1) 책상 위에 빵이 있어요. 우유가 있어요.

→ _____

2) 교실에 하이 씨가 있어요. 수혁 씨가 있어요.

→ _____

3) 학생회관에 식당이 있어요. 편의점이 있어요.

→ _____

4) 군자관에 서점이 있어요. 우체국이 있어요.

→ _____

보기와 같이 대화를 완성하세요.

 교실에 뭐가 있어요?
→ 시계하고 컴퓨터가 있어요.

1) 가: 우리 학교 근처에 뭐가 있어요?

나: _____

2) 가: 가방 안에 뭐가 있어요?

나: _____

3) 가: 교실에 누가 있어요?

나: _____

4) 가: 학생회관에 뭐가 있어요?

나: _____

5) 가: 편의점에 뭐가 있어요?

나 : _____

 보기와 같이 이야기하세요.

가: 어서 오세요.
나: 우유 있어요?
가: 네, 딸기 우유하고 초코 우유 있어요.
나: 딸기 우유 주세요.

| 장소 | 물건 |
| --- | --- |
| 편의점 | 딸기 우유, 초코 우유 |
| 커피숍 | 오렌지 주스, 바나나 주스 |
| 샌드위치 가게 | 계란 샌드위치, 햄 샌드위치 |
| 아이스크림 가게 | 바나나 아이스크림, 초코 아이스크림 |

## 말하기 1
Speaking 1

그림을 보고 이야기하세요.

학생회관이 어디에 있어요?

정문 오른쪽에 있어요.

| | |
|---|---|
| (27) 학생회관 | (5) 광개토관 |
| (4) 군자관 | (26) 세종관 |
| (1) 집현관 | (2) 대양홀 |

## 말하기 2
### Speaking 2

여러분은 어디에 자주 가요? 거기에 뭐가 있어요?
보기와 같이 쓰고 발표해 보세요.

> **보기**
>
> 저는 학생회관에 자주 가요.
> 1층에 편의점하고 커피숍이 있어요.
> 2층에 사무실이 있어요.
> 3층에 동아리방이 있어요.

_____

_____

_____

_____

_____

_____

_____

_____

_____

_____

# 발음
## Pronunciation

 **경음화**

> 복사실하고 서점이 있어요.
> [복싸실하고 서저미 이써요]

 **듣고 따라하세요.**

| | | | |
|---|---|---|---|
| 식당[식땅] | 학교[학꾜] | 신분증[신분쯩] | 극장[극짱] |

**2 경음화에 주의해서 말하세요.**

타오    세종대학교에 복사실이 있어요?

수혁    네, 복사실이 있어요. 군자관 1층에 있어요.

타오    군자관이 어디에 있어요?

수혁    광개토관 왼쪽에 있어요.

타오    군자관에 뭐가 있어요?

수혁    5층에 식당이 있어요.

타오    네, 세종대학교에 극장이 있어요?

수혁    아니요, 극장이 없어요.

타오    은행이 있어요?

수혁    네, 김원관에 은행이 있어요. 신분증이 있어요?

타오    아니요, 지금 신분증이 없어요.

세종대학교
SEJONG UNIVERSITY

| ① | 집현관(대학본부) | ⑪ | 미래교육원 별관 | ㉑ | 아사달 연못 |
| ② | 대양홀 | ⑫ | 세종초등학교 강당 | ㉒ | 대양 타워 |
| ③ | 모짜르트홀 | ⑬ | 영실관 | ㉓ | 애지헌 |
| ④ | 군자관 | ⑭ | 충무관 | ㉔ | 대양 AI 센터 |
| ⑤ | 광개토관 | ⑮ | 율곡관 | ㉕ | 운동장 |
| ⑥ | 이당관 | ⑯ | 다산관 | ㉖ | 세종관 |
| ⑦ | 진관홀 | ⑰ | 주차빌딩 | ㉗ | 학생회관 |
| ⑧ | 용덕관 | ⑱ | 동천관(학술정보원) | ㉘ | 새날관 |
| ⑨ | 홍진구조실험센터 | ⑲ | 우정당 | ㉙ | 무방관 |
| ⑩ | 세종초등학교 | ⑳ | 박물관 | | |

## 3장

# 학교 생활

## 광개토관에서 무슨 수업을 들어요?

**학습 목표**

☆ **표현:** -아/어요, -을/를, -에서(위치)

☆ **듣기:** 장소와 행동 묻기

☆ **발음:** 겹받침

☆ **세종 Tip:** 세종한국어문화교육센터

# 듣기
## Listening

노아  여보세요? 프엉 씨, 지금 뭐 해요?

프엉  광개토관에 가요. 수업이 있어요.

노아  광개토관에서 무슨 수업을 들어요?

프엉  '한국 전통문화의 이해'를 들어요.

노아  그 수업이 재미있어요?

프엉  네, 재미있어요. 하지만 어려워요. 노아 씨는 지금 뭐 해요?

노아  파르호드 씨하고 학생회관 카페에 있어요. 카페에서 커피를 마셔요.

프엉  카페에 사람들이 많아요?

노아  네, 많아요. 이 카페의 커피가 맛있어요.

프엉  파르호드 씨는 지금 뭐 해요?

노아  파르호드 씨는 책을 읽어요.

---

1. 프엉 씨는 무슨 수업을 들어요?
2. 노아 씨는 누구하고 있어요?
3. 파르호드 씨는 무엇을 해요?

# 어휘
Vocabulary

 동사

| | | | |
|---|---|---|---|
| 가다 | 오다 | 말하다 | 듣다 |
| 읽다 | 쓰다 | 보다 | 공부하다 |
| 배우다 | 운동하다 | 먹다 | 마시다 |
| 일어나다 | 자다 | 만나다 | 사다 |
| 요리하다 | 청소하다 | 일하다 | 샤워하다 |

## ➕ 형용사

| 많다 | 적다 | 어렵다 | 쉽다 | 예쁘다 |
| --- | --- | --- | --- | --- |
| 맛있다 | 맛없다 | 재미있다 | 싸다 | 비싸다 |

## ➕ 기타(ETC)

| 밥 | 물 | 영화 | 신문 |
| --- | --- | --- | --- |
| 편지 | 음악 | 과제 | 수업 |

## 표현 1
### Expression 1

V/A - 아/어요

| ㅏ, ㅗ O | 아요 | 만나요, 많아요 |
|---|---|---|
| ㅏ, ㅗ X | 어요 | 먹어요, 없어요 |
| 하다 | 여요 | 공부해요 |

▶ 가: 오늘 뭐 해요?

나: 친구를 만나요.

▶ 가: 도서관에서 공부해요?

나: 아니요, 집에서 공부해요.

▶ 가: 신문을 읽어요?

나: 아니요, 저는 라디오를 들어요.

 보기와 같이 문장을 완성하세요.

    친구를 (만나다)

→ 친구를 만나요.

1) 학교에 (가다)  → _____

2) 영화를 (보다)  → _____

3) 집에 (오다)    → _____

4) 사과가 (크다)  → _____

5) 옷이 (작다)    → _____

6) 운동을 (하다) → _____

7) 수업을 (듣다) → _____

 그림을 보고 보기와 같이 이야기해 보세요.

   → 자요.

| 1) _____ | 2) _____ | 3) _____ | 4) _____ |

 옆 사람과 이야기하세요.

 지금 뭐 해요?     숙제를 해요.

| 질문 | 대답 |
|---|---|
| 지금 뭐 해요? | 숙세를 해요. |
|  |  |
|  |  |
|  |  |

## 표현 2
Expression 2

N을/를

| 받침 O | 을 | 밥을 |
|--------|-----|--------|
| 받침 X | 를 | 우유를 |

▶ 선생님은 밥을 먹어요.

▶ 친구는 햄버거를 먹어요.

▶ 친구는 수업을 들어요.

▶ 저는 커피를 마셔요.

 보기와 같이 맞는 것에 ◯ 하세요.

    저는 친구 ( 을 / 를 ) 만나요.

1) 한국어 ( 을 / 를 ) 공부해요.

2) 책 ( 을 / 를 ) 읽어요.

3) 사과 ( 을 / 를 ) 사요.

4) 수업 ( 을 / 를 ) 들어요.

5) 커피 ( 을 / 를 ) 마셔요.

**보기와 같이 대화를 완성하세요.**

| 보기 | 가: 지금 뭐 해요?  (한국어, 공부) |
|------|-----------------------------------|
|      | 나: <u>한국어를 공부해요.</u>      |

1) 가 : 지금 뭐 해요?

　　나 : _____. (책, 사다)

2) 가 : 지금 뭐 해요?

　　나 : _____. (신문, 읽다)

3) 가 : 지금 뭐 해요?

　　나 : _____. (편지, 쓰다)

4) 가 : 지금 뭐 해요?

　　나 : _____. (한국어 과제, 하다)

**단어를 보고 옆 사람과 이야기하세요.**

무엇을 사요?

커피를 사요.

| 커피 | 책 |
|------|------|
| 컴퓨터 | 숙제 |
| 신문 | 산책 |
| 우유 | 영화 |

| 보다 |
|------|
| 하다 |
| 읽다 |
| 마시다 |

## 표현3
Expression 3

N에서(위치)

| 받침 O X | 에서 | 식당에서, 학교에서 |
|---|---|---|

- ▶ 아미 씨는 식당에서 밥을 먹어요.
- ▶ 편의점에서 펜을 사요.
- ▶ 저는 세종대학교 기숙사에서 자요.
- ▶ 저는 세종대학교에서 공부해요.

 보기와 같이 대화를 완성하세요.

 　　가: 광개토관에서 뭐 해요?
　　　　　나: 광개토관에서 수업을 들어요.

1) 가: 도서관에서 뭐 해요?

　나: _____

2) 가: 운동장에서 뭐 해요?

　나: _____

3) 가: 집에서 뭐 해요?

　나: _____

4) 가: 커피숍에서 뭐 해요?

　나: _____

그림을 보고 이야기하세요.

운동장에서 축구를 해요.

| | |
|---|---|
| (27) 학생회관 | (26) 세종관 |
| (4) 군자관 | (2) 대양홀 |
| (1) 집현관 | (25) 운동장 |
| (5) 광개토관 | (24) AI센터 |

1) _____

2) _____

3) _____

4) _____

**3** 옆 사람과 이야기하세요.

 세종대학교에서 무엇을 해요?

 저는 세종대학교에서 한국어를 공부해요.

| 세종대학교 | 한국어 | 공부하다 |
|---|---|---|
| 도서관 | 책 | 읽다 |
| 커피숍 | 커피 | 마시다 |
|  |  |  |
|  |  |  |

# 말하기1
## Speaking 1

**옆 사람과 이야기하세요. 무엇을 해요?**

가: 지금 뭐 해요?

나: 커피를 마셔요.

가: 커피숍에서 커피를 마셔요?

나: 아니요.

가: 그럼 어디에서 마셔요?

나: 편의점에서 커피를 마셔요.

1) 커피를 마시다 / 커피숍 / 편의점

2) 운동하다 / 운동장 / 체육관

3) 공부하다 / 학교 도서관 / 스터디 카페

4) 일하다 / 회사 / 집

5) 과일을 사다 / 편의점 / 시장

_____

_____

_____

_____

_____

_____

## 말하기 2
Speaking 2

두 사람이 함께 대화문을 만들어 보세요.
아래의 표현을 모두 사용하세요.

1. N에서
2. N을/를
3. V/A -아/어요

| 학교 | 보다 | 책 | 연필 | 음악 |
|---|---|---|---|---|
| 신문 | 집 | 사다 | 듣다 | 식당 |
| 편의점 | 바나나 | 한국 | 옷 | 커피 |
| 도서관 | 먹다 | 물 | 강의실 | 밥 |

_____

_____

_____

_____

_____

_____

_____

_____

_____

# 발음
## Pronunciation

 **겹받침**

> 파르호드 씨는 책을 읽어요.
> [파르호드 씨는 채글 일거요]

 **듣고 따라하세요.**

앉아요[안자요]  없어요[업써요]  넓어요[널버요]  짧아요[짤바요]

**2 겹받침에 주의해서 말하세요.**

프엉   지금 뭐 해요?

노아   파르호드 씨하고 학교 카페에 있어요.

프엉   지금 수업 시간이에요. 시간이 있어요?

노아   지금 쉬는 시간이에요.

프엉   쉬는 시간이 길어요?

노아   아니요, 쉬는 시간이 짧아요.

프엉   네, 파르호드 씨는 지금 뭐 해요?

노아   책을 읽어요.

프엉   카페에 사람들이 많아요?

노아   아니요, 사람들이 없어요.

프엉   학교 카페가 넓어요?

노아   네, 학교 카페가 넓어요.

'Sejong Education Center of Korean Culture' of Sejong University is a Korean language education institution established in 2014 to address the various Korean language learning needs of school members.

The center operates not only educational programs to improve the communication skills of Sejong University students in Korean, but also Korean language education programs for foreign faculty members and Korean culture experience programs to help school members adapt to life in Korea.

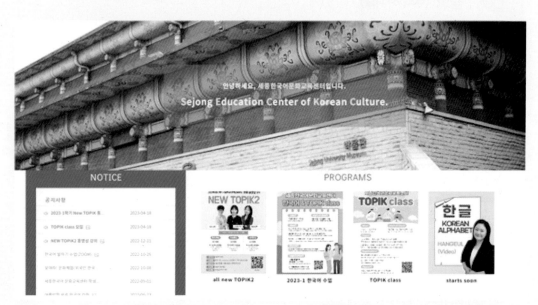

(http://home.sejong.ac.kr/~seckc/)

## Korean Languge Programs

TOPIK 1~6 class                     Korean Writing class
TOPIK speaking class                Pronunciation Clinic
Sejong Korean level 1~6 class       Korean cultural programs

## 4장

# 주말 활동

## 토요일에 뭐 했어요?

학습
목표

☆ 표현: -았/었어요, 안, -에(시간)

☆ 듣기: 주말 활동 대화

☆ 발음: 'ㅢ' 발음 1

☆ 세종 Tip: 도서관(학술정보원)

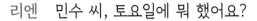

리엔　민수 씨, 토요일에 뭐 했어요?

민수　여행을 했어요.

리엔　여행이요? 어디에 갔어요?

민수　부산에 갔어요. 재미있었어요.

리엔　부산에서 뭐 했어요?

민수　아침에 바다에 갔어요. 그리고 점심에 바다 근처에서 밥을 먹었어요.

리엔　바다에서 수영도 했어요?

민수　아니요, 안 했어요.

리엔　저녁에는요?

민수　저녁에는 백화점에서 쇼핑했어요. 리엔 씨는 어제 뭐 했어요?

리엔　저는 집에서 '경영학의 이해' 과제를 했어요.

민수　네? 과제가 있었어요? 저는 과제를 안 했어요!

---

1. 민수 씨는 토요일에 어디에 갔어요?
2. 민수 씨는 어디에서 밥을 먹었어요?
3. 리엔 씨는 토요일에 무엇을 했어요?

**어휘**
Vocabulary

 **요일**

 **시간**

| March 15 SUN | March 16 MON | March 17 TUE | March 18 WED | March 19 THU | March 20 FRI | March 21 SAT |
|---|---|---|---|---|---|---|
| 일요일 | 월요일 | 화요일 | 수요일 | 목요일 | 금요일 | 토요일 |
| 주말 | 평일 | | | | | 주말 |

| 1:00 | 2:00 | 3:00 | 4:00 | 5:00 | 6:00 |
|---|---|---|---|---|---|
| 한 시 | 두 시 | 세 시 | 네 시 | 다섯 시 | 여섯 시 |

| 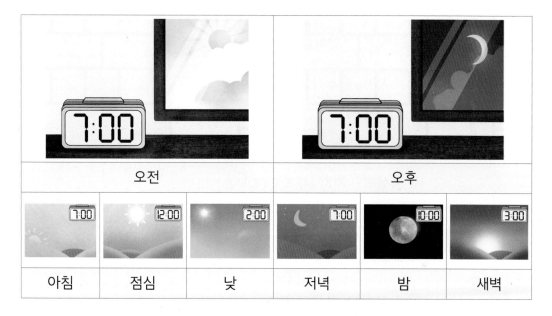 | | | | | |
|---|---|---|---|---|---|
| 7:00 | 8:00 | 9:00 | 10:00 | 11:00 | 12:00 |
| 일곱 시 | 여덟 시 | 아홉 시 | 열 시 | 열한 시 | 열 두시 |
| 1:10 | 1:20 | 1:30 | 1:40 | 1:50 | 1:59 |
| 십 분 | 이십 분 | 삼십 분 | 사십 분 | 오십 분 | 오십구 분 |

| 오전 | 오후 |
|---|---|
| 7:00 | 7:00 |

| 아침 | 점심 | 낮 | 저녁 | 밤 | 새벽 |
|---|---|---|---|---|---|
| 7:00 | 12:00 | 2:00 | 7:00 | 10:00 | 3:00 |

| 어제 | 오늘 | 내일 |
|---|---|---|

## MARCH

| 월 | 화 | 수 | 목 | 금 | 토 | 일 |
|---|---|---|---|---|---|---|
| 15 | 16 | 17 | 18 | 19 | 20 | 21 |
| 22 | 23 | (24) 오늘 | 25 | 26 | 27 | 28 |
| 29 | 30 | 31 | 01 | 02 | 03 | 04 |

| March 15~21 | March 22~28 | March 28~April 4 |
|---|---|---|
| 지난주 | 이번 주 | 다음주 |

## 표현 1
### Expression 1

V/A - 았/었어요

| ㅏ, ㅗ O | 았어요 | 갔어요, 작았어요 |
|---|---|---|
| ㅏ, ㅗ X | 었어요 | 먹었어요, 예뻤어요 |
| 하다 | 였어요 | 공부했어요, 조용했어요 |

▶ 가: 수지 씨, 민수 씨가 어디에 갔어요?

　나: 서점에 갔어요.

▶ 가: 현우 씨, 점심을 어디에서 먹었어요?

　나: 학생회관 지하 1층 식당에서 먹었어요.

▶ 저는 어제 친구하고 같이 도서관에서 공부했어요.

---

**1** 보기와 같이 문장을 완성하세요.

**보기**　　저는 극장에서 <u>영화를 봤어요.</u> (영화를 보다)

1) 가족들하고 함께 _____. (저녁을 먹다)

2) 민서 씨가 백화점에서 _____. (쇼핑하다)

3) 동생이 친구하고 _____. (등산을 가다)

4) 루카스 씨가 교실에서 _____. (책을 읽다)

5) 도현 씨가 집에서 _____. (텔레비전을 보다)

6) 저는 커피숍에서 _____. (커피를 마시다)

7) 프엉 씨가 기숙사에서 _____. (음악을 듣다)

**2** 보기와 같이 대화를 완성하세요.

> **보기**　가: 숙제를 다 <u>했어요?</u> (하다)
> 　　　　나: 아니요, 조금 <u>남았어요.</u> (남다)

1) 가: 어제 군자관 6층 계절밥상에서 뭘 ＿＿＿＿＿＿＿＿＿＿＿？ (먹다)

　　나: ＿＿＿＿＿＿＿＿＿＿＿＿＿＿＿＿. (먹다)

2) 가: 영화를 언제 ＿＿＿＿＿＿＿＿＿＿＿＿＿? (보다)

　　나: 지난주에 ＿＿＿＿＿＿. (보다) ＿＿＿＿＿＿. (재미있다)

3) 가: 민주 씨, 오늘 학교에 ＿＿＿＿＿＿＿＿＿＿＿? (오다)

　　나: 아니요. 머리가 ＿＿＿＿＿. (아프다) 집에서 ＿＿＿＿＿. (쉬다)

**3** 다음을 어제의 일로 바꿔 쓰세요.

> 저는 보통 아침에 세수를 하고 물을 마셔요. 그리고 집 근처 공원에서 운동을 하고 집에서 샤워를 해요. 그리고 아침을 먹고 학교에 가요.

<u>어제 저는 아침에 세수를 하고 물을 마셨어요.</u>

＿＿＿＿＿＿＿＿＿＿＿＿＿＿＿＿＿＿＿＿＿＿＿＿＿＿

＿＿＿＿＿＿＿＿＿＿＿＿＿＿＿＿＿＿＿＿＿＿＿＿＿＿

＿＿＿＿＿＿＿＿＿＿＿＿＿＿＿＿＿＿＿＿＿＿＿＿＿＿

안 V/A

| 안 | 안 가요, 안 예뻐요 |
|---|---|
| N 하다 | 공부 안 해요 |

| 있다 | 없다 |
|---|---|
| 알다 | 모르다 |
| 학생이다 | 학생이 아니다 |

▶ 민수 씨가 오늘 숙제 안 했어요.

▶ 가: 수지 씨, 지금 자요?

　나: 아니요, 지금 안 자요. 텔레비전을 봐요.

▶ 가: 바지가 비싸요?

　나: 아니요, 안 비싸요.

▶ 가: 민주 씨, 방을 청소했어요?

　나: 아니요, 방을 청소 안 했어요.

 **1** 보기와 같이 문장을 바꿔 보세요.

보기　　　오늘은 마트에 가요.　→　오늘은 마트에 안 가요.

1) 나나 씨는 군자동에 살아요.　→ _____.

2) 지금 편의점에 가요.　　　→ _____.

3) 어제 빵을 먹었어요.　　　→ _____.

4) 롯데월드에 갔어요.　　　→ _____.

5) 도서관에서 공부해요. → _____.

6) 지현 씨가 집에서 요리해요. → _____.

**2** 보기와 같이 대화를 완성하세요.

가: 불고기가 매워요?

나: 아니요. 안 매워요.

1) 가: 오늘 날씨가 추워요?

　나: 아니요, _____.

2) 가: 집이 깨끗해요?

　나: 아니요, _____.

3) 가: 남동생이 키가 커요?

　나: 아니요, _____.

4) 가: 오늘 지하철에 사람이 많았어요?

　나: 아니요, _____.

**3** 옆 사람과 이야기하세요.

| 주제 | 일상생활 활동, 여행 계획, 음식 | |
|---|---|---|
| 보기 | 가: 저는 매일 운동해요.<br>나: 저는 매일 운동 안 해요. | 가: 저는 어제 친구를 만났어요.<br>나: 저는 어제 친구를 안 만났어요. |

1) 가: _____.

　나: _____.

2) 가: _____.

　나: _____.

3) 가: _____.

　나: _____.

## 표현 3
### Expression 3

-에(시간)

| 받침 O, X | 에 | 주말에, 다음 주에 |

▶ 가: 몇 시에 아침을 먹어요?

　나: 7시에 먹어요.

▶ 가: 언제 강원도에 가요?

　나: 다음주 토요일에 가요.

▶ 저는 어제 집 근처 수영장에서 수영을 배웠어요.

 보기와 같이 문장을 완성하세요.

**보기**　　- 보통 몇 시에 점심을 먹어요?

　　　　- 오늘X 뭐 해요?

1) 저는 토요일_____ 도서관에 가요.

2) 우리 내일_____ 롯데월드에 안 가요. 다음 주_____ 가요.

3) 민서 씨가 오늘_____ 아침_____ 8시_____ 일어났어요.

4) 저는 저녁_____ 불고기를 먹어요.

5) 이번 주_____ 일요일_____ 아침_____ 공원에서 산책해요.

6) 어제_____ 집에서 요리했어요. 그리고 친구들과 파티도 했어요.

**2** 보기와 같이 대화를 완성하세요.

> **보기**  지난주 토요일, 쇼핑하다
> → 지난주 토요일에 쇼핑했어요.

1) 지난주 일요일 오후 3시, 수영을 배우다

→ _____ .

2) 언제, 친구를 만나다

→ _____ ?

3) 월요일, 회사에 출근 안 하다

→ _____ .

**3** 옆 사람과 이야기하세요.

수요일에 뭐 했어요?

수요일에 학교 도서관에 갔어요.
도서관에서 숙제를 했어요.

| 요일 | 장소 | 활동 |
|------|------|------|
| 수요일 | 학교 도서관 | 숙제를 하다 |
|  |  |  |
|  |  |  |
|  |  |  |

**옆 사람과 이야기하세요.**

**보기**

가: 수지 씨는 일요일에 뭐 했어요?

나: 저는 가족과 백화점에서 쇼핑했어요.

가: 사람이 많았어요?

나: 네, 사람이 많았어요.

가: 백화점에서 뭐 샀어요?

나: 저는 모자하고 원피스를 샀어요. 민호 씨는요?

가: 저는 일요일에 룸메이트하고 한강 밤도깨비 야시장에 갔어요.

나: 거기에서 뭐 먹었어요?

가: 저는 닭꼬치구이를 먹었어요. 그리고 떡볶이도 먹었어요.

나: 한강 밤도깨비 야시장은 평일에도 해요?

가: 아니요, 평일에는 안 해요.

| ·수지 / 일요일 | ·민서 / 토요일 | ·제이슨 / 금요일 저녁 |
|---|---|---|
| 가족<br>백화점<br>사람이 많다<br>모자 & 원피스, 사다 | 대학교 친구<br>한강 공원<br>날씨가 좋다<br>치킨 & 맥주, 먹다 | 혼자<br>코인 노래방<br>가격이 싸다<br>한국 노래, 부르다 |
| ·민호 / 일요일 | ·현아 / 토요일 | ·리사 / 금요일 저녁 |
| 룸메이트<br>한강 밤도깨비 야시장<br>평일 X<br>닭꼬치구이 & 떡볶이, 먹다 | 한국인 친구<br>대학로 소극장<br>다음 주 토요일 X<br><옥탑방 고양이>, 보다 | 학과 선배<br>강남역 교보문고<br>사람이 많다<br>TOPIK 교재, 사다 |

## 말하기 2
### Speaking 2

'고향에서 주말에 자주 하는 활동'에 대해 이야기해 보세요.
아래의 질문에 모두 대답하세요.

---

1) 주말에 뭐 했어요?

2) 누구하고 했어요? / 누구를 만났어요?

3) 어디에 갔어요?

4) 거기에서 뭐 했어요?

5) 어땠어요?

---

_____

_____

_____

_____

_____

_____

_____

_____

※ 대화문을 보지 않고 사람들 앞에서 대화해 보세요.

**발음**
Pronunciation

 '의' 발음 1

> '경영학의 이해' 과제를 했어요.
> [경영하게 이해 과제를 해써요]

 듣고 따라하세요.

> 저의 이름 [저의 이름/저에 이름]
> 한국의 도시 [한구긔 도시/한구게 도시]
> 의사 [의사], 의자 [의자]

**2** '의'에 주의해서 말하세요.

리엔  안녕하세요. 처음 뵙겠습니다.

민수  안녕하세요. 이 의자에 앉아요.

리엔  고마워요. 저의 이름은 리엔이에요.

민수  안녕하세요. 저의 이름은 민수예요.

리엔  어디에서 왔어요?

민수  저는 부산에서 왔어요. 부산은 한국의 도시예요.

리엔  알아요. 방학에 부산을 여행했어요.

민수  아 그래요? 재미있었어요?

리엔  네, 좋았어요. 그런데 조금 아팠어요. 그래서 병원에 갔어요.
　　　의사 선생님이 친절했어요.

민수  네, 이번 학기에 무슨 수업을 들어요?

리엔  '한국문화의 이해'를 들어요.

## 세종 Tip | 학술정보원

(http://en.sejong.ac.kr/eng/academics/Facilities.do)

| B2-1F | Reading Rooms, Book Cafe, Repository (Old Books) |
|---|---|
| 2F | Multimedia Room, Circulation, Library Administration, IT Services |
| 3F | Reading Room, Internet Lounge, Notebook Lounge |
| 4F | Creative Discussion Lounge, Group Study Rooms, Computer Room, English Test Center |
| 5F | Stack #1 (Human/Social/Natural Science, Language, Arts, Course Reserves) |
| 6F | Stack #2 (Literature, History) |
| 7F | Group Study Rooms, Women's Lounge, Video Conference Room, Central Server Room |
| 8F | Reading Room/Dean's Office |
| 9F | Stack #3 (Serials, References) |
| 10F | Repository (Old Books) |

# 5장

# 시험

## 시험이 어려워요?

☆ **표현:** -(으)ㄹ 거예요, -(으)세요, -지 마세요, -(으)니까

☆ **듣기:** 시험 안내

**학습**
**목표**

☆ **발음:** 'ㅘ' 발음

☆ **세종 Tip:** 성적 확인

## 듣기
### Listening

| 교수님 | 다음주 수요일에 시험을 볼 거예요. 시험은 1시 30분에 시작할 거예요. 그리고 시험 시간은 한 시간이에요. |
| --- | --- |
| 마리아 | 교수님, 이 강의실에서 시험을 봐요? |
| 교수님 | 아니요, 이 강의실은 작아요. 그래서 광개토관 202호에서 시험을 볼 거니까 다음 주 수요일에 202호로 오세요. |
| 마리아 | 시험 문제는 객관식이에요? 주관식이에요? |
| 교수님 | 객관식, 주관식 모두 있어요. |
| 마리아 | 시험이 어려워요? |
| 교수님 | 네, 시험 문제가 조금 어려우니까 복습을 열심히 하세요. 또 질문 있어요? |
| 마리아 | 아니요, 없어요. |
| 교수님 | 시험 시간에 스마트폰을 사용하지 마세요. 스마트폰 사용은 부정행위예요. 그리고 옆 사람과 이야기하지 마세요. |

1. 언제 중간고사를 봐요?
2. 어디에서 중간고사를 봐요?
3. 시험 문제가 어때요?

# 어휘
## Vocabulary

### ➕ 시험

| | | | | |
|---|---|---|---|---|
| 시험을 보다 | 시험 시간 | 시작하다 | 끝나다 | 객관식/주관식 |
| 중간고사 | 기말고사 | 한국어능력시험 | 쪽지 시험 | 시험 점수 |
| 부정행위 | 커닝하다 | 시험지 | 시험 범위 | 복습하다 |

### ➕ 동사

| | | | | |
|---|---|---|---|---|
| 출발하다 | 도착하다 | 이야기하다 | 사용하다 | 지각하다 |
| 놀다 | 만들다 | 살다 | 입다 | 줍다 |
| 돕다 | 묻다 | 받다 | 씻다 | 타다 |

## 표현1
### Expression 1

V/A(으)ㄹ 거예요

| 받침 O | 을 거예요 | 먹을 거예요, 읽을 거예요 |
| --- | --- | --- |
| 받침 X | ㄹ 거예요 | 올 거예요, 마실 거예요 |

▶ 오늘 저녁에는 가족들과 외식할 거예요.

▶ 내일은 집에 있을 거예요.

▶ 생일 케이크를 언제 만들 거예요?

▶ 가: 서울에 언제 도착해요?

　 나: 새벽에 도착할 거예요.

▶ 가: 이번 주 주말에 뭐해요?

　 나: 이번 주 일요일에 한국어능력시험이 있어요.

　　 집에서 시험공부할 거예요.

**1** 다음 표를 완성하세요.

| 기본형 | (으)ㄹ 거예요 | 기본형 | (으)ㄹ 거예요 |
| --- | --- | --- | --- |
| 가다 | 갈 거예요 | 오다 | |
| 먹다 | | 읽다 | 읽을 거예요 |
| 듣다 | | 묻다 | |
| 살다 | | 만들다 | |
| 운동하다 | | 공부하다 | |
| 입다 | | 씹다 | |
| 줍다 | | 굽다 | |

**2** 보기와 같이 대화를 완성하세요.

> **보기**
>
> 내일 제시카 씨하고 __산에 갈 거예요?__ (산에 가다)
>
> 아니요, __영화를 볼 거예요.__ (영화를 보다).

1) 가: 기말고사를 언제 _____? (보다)

   나: 다음 달 17일에_____. (치다)

2) 가: 내일 저녁에 뭐 _____? (하다)

   나: 언니하고 1시간 정도 _____. (한강 공원을 걷다)

3) 가: 도현 씨, 이따가 어떤 음식을 _____? (만들다)

   나: _____. (삼겹살을 굽다)

4) 가: 연진 씨, 이따가 약속이 있어요?

   나: 네, 이따가 _____. (친구의 숙제를 돕다)

**3** 옆 사람과 이야기하세요.

시험 전에 뭐 할 거예요?
시험 날에 뭐 할 거예요?
시험 후에는 뭐 할 거예요?

시험 전에 단어를 외울 거예요.
시험 날에 일찍 일어날 거예요.
시험 후에는 점수를 확인할 거예요.

| 시험 전 | 시험 당일 | 시험 후 |
|---|---|---|
| 단어를 외우다 | 일찍 일어나다 | 점수를 확인하다 |
|  |  |  |
|  |  |  |
|  |  |  |

V-(으)세요, V-지 마세요

| 받침 O | 으세요 | 찾으세요, 읽으세요 |
| 받침 X | 세요 | 가세요, 보세요 |
| 받침 O | 지 마세요 | 찾지 마세요, 읽지 마세요 |
| 받침 X | 지 마세요 | 가지 마세요, 보지 마세요 |

▷ 여기에 앉으세요.

▷ 주말에 비가 와요. 그러니까 밖에 나가지 마세요.

▷ 시험장에서는 부정행위하지 마세요.

▷ 도서관에서 떠들지 마세요.

▷ 가: 흐엉 씨, 빨리 오세요.

　나: 알겠습니다. 조금만 기다리세요.

▷ 가: 다음 수업 시간에 쪽지 시험 있어요?

　나: 네. 열심히 준비하세요.

**1** 보기와 같이 문장을 완성하세요.

 시험지에 　이름과 학번을 쓰세요. (이름과 학번, 쓰다)

1) 시험이 곧 시작해요. 빨리 _____. (시험장, 들어가다)

2) 기말고사 후에 포털에서 _____. (점수, 확인하다)

3) 시험 전날에 미리 _____. (필기도구, 준비하다)

4) TOPIK 시험장에서 꼭 _____. (좌석, 확인하다)

5) 시험 날에 꼭 _____. (수험표, 챙기다)

**2**   보기에서 제시된 단어를 사용하여 문장을 완성하세요.

> **보기**   전화, 받다 / 지각하다 / 음식, 먹다 / 떠들다

1) 선생님 :

수업 시간에 전화를 받지 마세요.

음식을 _____.

> **보기**   술, 마시다/ 늦게 자다 / 담배, 피우다 / 운동을 많이, 하다

2) 의사 :

술을 _____.

담배를 _____.

**3**   다음 상황에 맞게 제안해 보세요. 옆 사람과 이야기하세요.

| 상황 1 | 친구가 아파요. |
|--------|----------------|

> **보기**   병원에 가세요. / 밖에 나가지 마세요.

1) _____.

2) _____.

3) _____.

| 상황 2 | 내일 한국어능력시험을 봐요. |
|--------|----------------------------|

> **보기**   내일 일찍 일어나세요. / 내일 늦지 마세요.

1) _____.

2) _____.

3) _____.

# 표현 3
## Expression 3

### V/A-(으)니까

| 받침 O | 으니까 | 읽으니까, 좋으니까 |
|---|---|---|
| 받침 X | 니까 | 가니까, 크니까 |

▸ 가: 버스를 탈 거예요?

나: 아니요, 지금은 길이 막히니까 지하철을 탈 거예요.

▸ 이 컴퓨터가 고장 났으니까 사용하지 마세요.

▸ 채소는 몸에 좋으니까 많이 드세요.

▸ 비가 많이 오니까 우산 꼭 챙기세요.

▸ 다음 달부터 방학이니까 고향에 갈 거예요.

 보기와 같이 대화를 완성하세요.

가: 토요일에 경복궁에 갈 거예요?

나: 아니요, 주말에는 경복궁에 <u>사람이 많으니까</u> 집에서 쉴 거예요.

(사람이 많다)

1) 가: 이번 방학에는 고향에 가요?

　나: 아니요, 지난 방학에는 ＿＿＿＿＿＿＿＿＿＿＿＿＿＿ 이번에는 안 가요.

(고향에 갔다)

2) 가: ＿＿＿＿＿＿＿＿＿＿＿＿＿＿＿＿＿ 얼른 자리에 앉으세요.

(영화가 곧 시작하다)

　나: 네, 알겠습니다.

3) 가: 다음 주에 _____ 모두 열심히 공부하세요.

　　　　　　　 (중간고사가 있다)

　나: 네, 열심히 공부하겠습니다.

**2** 보기와 같이 문장을 완성하세요.

> **보기**　　　날씨가 추워요. 코트를 입고 가세요.
> 　　　　　→ 날씨가 추우니까 코트를 입고 가세요.

1) 내일 수업이 없어요. 늦잠을 잘 거예요.

　→ _____

2) 이 음식이 뜨거워요. 바로 먹지 마세요.

　→ _____

3) 한국어 문법이 어려워요. 선생님에게 질문하세요.

　→ _____

**3** 상황에 맞게 조언/제안해 보세요. 그리고 옆 사람과 이야기하세요.

지금은 시험 기간이에요.
다음 달에 방학해요.
출퇴근 시간에는 길이 막혀요.

지금은 시험 기간이니까 열심히 공부하세요.
다음 달에 방학하니까 제주도 여행 다녀오세요.
출퇴근 시간에는 길이 막히니까 지하철을 타세요.

| 시험 기간 | 방학 | 출퇴근 시간 |
|---|---|---|
| 열심히 공부하다 | 제주도 여행 다녀오다 | 지하철을 타다 |
| | | |
| | | |
| | | |

## 말하기 1
Speaking 1

**옆 사람과 이야기하세요.**

**보기**

가: 이번 학기 기말고사 기간이 언제예요?

나: 6월 15일부터 6월 21일까지예요.

가: <사고와 표현> 기말고사는 언제 봐요?

나: 6월 15일에 볼 거예요.

　　오전 9시에 시작하고 90분 동안 시험을 볼 거예요.

가: 어디에서 시험을 봐요?

나: 세종관 102호에서 시험을 봐요.

가: 그리고 시험 범위는요?

나: 시험 범위는 4과부터 8과까지예요.

가: 시험 문제에 듣기도 있어요?

나: 아니요, 이번에 듣기는 없어요. 하지만 문법과 쓰기 모두 있어요.

　　시험이 조금 어려우니까 열심히 공부하세요.

---

**보기**　이번 학기 기말고사 시험 기간: 6월 15일~6월 31일(6월 셋째 주)

　　　　<사고와 표현> 기말고사 날짜: 6월 15일

　　　　　　　　　　　　시험 시간: 오전 9시(90분)

　　　　　　　　　　　　시험 장소: 세종관 102호

　　　　　　　　　　　　시험 범위: 4과~8과

　　　　　　　　　　　　시험 문제: 문법, 쓰기 (듣기 X), 열심히 공부하기

---

| (1) | 제90회 토픽 시험 접수 기간: 8월 1일~8월 7일 |
| --- | --- |
| | 시험 날짜: 10월 15일 |
| | 시험 시간: 오후 1시(3시간) |
| | 시험 장소: 세종대학교 광개토관 202호 |
| | 시험 문제: 듣기, 쓰기, 읽기 (말하기 X), 잘 준비하기 |
| | 성적 확인 방법: 세종대학교 포털 |
| | 성적 확인 시간: 11월 30일, 오후 3시 |
| (2) | 운전면허 필기시험 접수 기간: 평일 9시~17시 |
| | 시험 날짜: 10월 6일 |
| | 시험 시간: 10시(45분) |
| | 시험 장소: 남부운전면허시험장 |
| | 시험 방법: 컴퓨터 |
| | 시험 문제: 객관식 40문제 (주관식 X), 먼저 신체검사 받기 |
| | 성적 확인 방법: 컴퓨터 화면에서 바로 확인 |

## 말하기 2
Speaking 2

두 사람이 함께 '시험'이라는 주제로 대화문을 만들어 보세요.
아래의 내용을 반드시 포함해야 해요.

---

1) 시험 기간, 시간 및 장소
2) 시험 준비
3) 시험 주의사항
4) 시험 후 계획

---

_____

_____

_____

_____

_____

_____

_____

※ 대화문을 보지 않고 사람들 앞에서 대화해 보세요.

# 발음
## Pronunciation

 '과' 발음

> 이 강의실에서 시험을 봐요?
> [이 강의시레서 시허믈 봐요]

 듣고 따라하세요.

광개토관[광개토관]  봐요[봐요]  객관식[객관식]  사람과[사람과]

아 vs 와   가 vs 과   간 vs 관

 '과'에 주의해서 말하세요.

마리아    교수님, 이 강의실에서 시험을 봐요?

교수님    아니요, 이 강의실은 좁아요. 그래서 광개토관 202호에서 시험을
          볼 거니까 다음 주 수요일에 202호로 오세요.

마리아    시험 문제는 객관식이에요? 주관식이에요?

교수님    객관식, 주관식 모두 있어요.

마리아    시험이 어려워요?

교수님    네, 시험 문제가 조금 어려우니까 복습을 열심히 하세요.
          또 질문 있어요?

마리아    아니요, 없어요.

교수님    시험 시간에 스마트폰을 사용하지 마세요. 스마트폰 사용은 부정
          행위예요. 그리고 옆 사람과 이야기하지 마세요.

세종 Tip | 성적 확인
How to check your grades

## Exam Schedule

exam ➡ grade entering ➡ grade viewing/ correction ➡ grade completion

· A student who wishes to question or challenge the grade assigned in a course may contact his/her professor or instructor in order to resolve the grade dispute.
· Students must double check their final grades after Grade Reporting and Correction Period is finalized.
· Once past Grade Completion Period, a grade change cannot be initiated.

[Academic Affairs System] → Log in → Click Class/Grade → Grade and Lecture Evaluation → Click Current Semester Grade Inquiry

(http://portal.sejong.ac.kr)

# 대학 축제

## 내일 2시에 만날까요?

**학습 목표**

☆ **표현:** -(으)ㄹ까요?, -고 싶다, 단위명사

☆ **듣기:** 축제 구경

☆ **발음:** 'ㅎ' 발음

☆ **세종 Tip:** 대학 축제

# 듣기
## Listening

은지    이천 씨, 내일 시간 있어요?

이천    네, 괜찮아요. 왜요?

은지    내일 세종대학교에서 축제를 해요. 같이 축제 구경을 해요.

이천    그래요? 좋아요. 몇 시에 만날까요?

은지    2시에 만날까요? 어때요?

이천    네, 좋아요. 그러면 2시에 세종대학교 정문으로 갈게요.

은지    축제에서 무엇을 하고 싶어요?

이천    주점을 구경하고 싶어요. 그리고 공연도 보고 싶어요.

은지    저녁 공연에 연예인도 올 거예요.

이천    그래요? 몇 명이 와요?

은지    세 명이요. 모레는 네 명이 올 거예요.

이천    와, 모레 공연도 보고 싶어요.

---

1. 내일 세종대학교에서 무엇을 해요?
2. 두 사람은 몇 시에 만날 거예요?
3. 내일 공연에 몇 명이 와요?

## 어휘
Vocabulary

 축제

| 축제 | 구경하다 | 주점 | 매점 | 가게 |
|------|----------|------|------|------|
| 공연 | 연예인 | 기념품 | 게임 | 푸드 트럭 |

 단위명사

 약속

| 약속하다 | 시간이 있어요? | 좋아요/괜찮아요 |
|----------|----------------|------------------|
| 미안해요.<br>다른 약속이 있어요. | 왜요? | 어때요? |

## 표현 1
### Expression 1

V-(으)ㄹ까요?

| 받침 O | 을까요? | 먹을까요? |
|--------|--------|----------|
| 받침 X | ㄹ까요? | 볼까요? |

▷ 가: 주말에 산에 갈까요?

나: 네, 좋아요.

▷ 가: 같이 점심 먹을까요?

나: 미안해요. 약속이 있어요.

 **보기와 같이 바꾸세요.**

| 보기 | 같이 커피 마셔요. → <u>같이 커피 마실까요?</u> |
|------|------|

1) 한국 식당에 가요          → _____?

2) 같이 책을 읽어요.         → _____?

3) 여기에서 좀 쉬어요.       → _____?

4) 도서관 앞에서 만나요.     → _____?

5) 내일 같이 축제 구경을 해요. → _____?

**2** 대화를 완성하세요.

1) 가: 냉면을 _____?

    나: 네, 냉면을 먹어요.

2) 가: 버스를 _____?

    나: 아니요, 기차를 타요.

3) 가: 어디에서 _____?

    나: 학교 정문 앞에서 만나요.

4) 가: 무슨 _____?

    나: 코미디 영화를 봐요.

**3** 옆 사람과 이야기하세요.

내일 같이 점심 먹을까요?

네, 몇 시에 만날까요?

좋아요, 서울 식당 어때요?

11시쯤 어때요?

| 질문 | 친구 1 | 친구 2 |
|---|---|---|
| 내일 점심을 먹을까요?<br>수업이 끝나고 농구할까요?<br>주말에 쇼핑할까요?<br>방학에 여행갈까요? | 서울식당, 11시 | |

## 표현 2
### Expression 2

**V-고 싶다**

| 받침 O X | 고 싶다 | 먹고 싶어요, 가고 싶어요 |
|---|---|---|

▶ 사진을 찍고 싶어요.

▶ 주스를 마시고 싶어요.

▶ 가: 뭘 먹고 싶어요?

　 나: 김밥을 먹고 싶어요.

 **보기와 같이 문장을 완성하세요.**

**보기**
　　　피곤해요.
　　　→ <u>피곤하니까 집에서 쉬고 싶어요.</u> (집에서 쉬다)

1) 배가 고파요.

　→ _____. (빵을 먹다)

2) 한국말을 몰라요.

　→ _____. (한국말을 배우다)

3) 시간이 있어요.

　→ _____. (친구하고 놀다)

4) 친구 학교에서 축제를 해요.

　→ _____. (축제에 가다)

**2** 보기와 같이 문장을 완성하세요.

| | 구경 | 1) 매점 | 2) 활동 | 3) 기념품 |
|---|---|---|---|---|
| 나 | 주점 | 주스 | 사진 | 인형 |
| 친구 | 공연 | 커피 | 게임 | 티셔츠 |

보기    저는 <u>주점 구경을 하고 싶어요.</u>

→ 친구는 <u>공연을 보고 싶어 해요.</u>

1) 저는 _____

친구는 _____

2) 저는 _____

친구는 _____

3) 저는 _____

친구는 _____

**3** 보기와 같이 대화 연습을 하세요.

| 보기    옷 / 티셔츠 / 백화점 |
|---|
| 1) 부산 / 바다 구경 / 친구 |
| 2) 주스 / 오렌지 주스 / 커피숍 |
| 3) 산책 / 학교 근처 공원 / 혼자 |
| 4) 꽃 / 장미 / 선물하다 |
| 5) _____ . |

보기

가: 지금 뭘 하고 싶어요?

나: 옷을 사고 싶어요.

가: 무슨 옷을 사고 싶어요?

나: 티셔츠를 사고 싶어요.

가: 어디에서 사고 싶어요?

나: 백화점에서 사고 싶어요.

## 표현 3
### Expression 3

단위명사

| 명사 | 수 | 개, 병, 잔, 명 |
|------|-----|----------------|

▶ 커피 한 잔 주세요.

▶ 주스를 세 병 샀어요.

▶ 교실에 학생이 두 명 있어요.

▶ 가: 빵을 몇 개 사요?

　나: 세 개 사요.

 보기와 같이 문장을 완성하세요.

　　사과 (7) → <u>사과 일곱 개</u> 주세요.

1) 빵 (2) 　　　　→ _____주세요.

2) 콜라 (6) 　　　→ _____주세요.

3) 커피 (1), 주스 (3) → _____하고 _____주세요.

4) 볼펜 (4), 연필 (2) → _____하고 _____주세요.

5) 학생 (5) 　　　→ 교실에 _____있어요.

**2** 보기와 같이 대화를 완성하세요.

　　　가: 뭘 드릴까요?

　　　나: <u>우유 2잔</u> 주세요 (우유 2)

1) 가: 뭘 샀어요?

　　나: ＿＿＿＿＿＿＿＿＿＿＿＿＿＿＿＿＿＿＿＿＿＿＿＿. (책 1)

2) 가: 냉장고에 뭐가 있어요?

　　나: ＿＿＿＿＿＿＿＿＿＿＿＿＿＿＿＿＿＿＿＿＿. (사과 2, 오렌지 5)

3) 가: 뭘 마셨어요?

　　나: ＿＿＿＿＿＿＿＿＿＿＿＿＿＿＿＿＿＿＿＿. (커피1, 주스 2)

4) 가: 뭘 살까요?

　　나: ＿＿＿＿＿＿＿＿＿＿＿＿＿＿＿＿＿＿＿＿. (콜라 4, 빵 3)

5) 가: 교실에 누가 있어요?

　　나: ＿＿＿＿＿＿＿＿＿＿＿＿＿＿＿＿＿＿＿＿＿. (학생 6)


**3** 보기와 같이 대화를 만들어 보세요.

　　　커피숍

　　　가: 뭘 드릴까요?

　　　나: <u>커피 한 잔 주세요.</u>

　　　가: 네, 잠깐만 기다리세요.

1) 식당

　　가: 어서 오세요. 여기 앉으세요.

　　나: 메뉴판 좀 주세요.

　　가: 여기 있어요.

　　나: ＿＿＿＿＿＿＿＿＿＿＿＿＿＿＿＿＿＿＿주세요.

2) 문구점

　　가: 어서 오세요.

　　나: _____?

　　가: 네, 있어요.

　　나: _____주세요.


3) 과일 가게

　　가: 아저씨, _____?

　　나: 네, 있어요.

　　가: _____주세요.

　　나: 여기 있어요.


4) 축제 주점

　　가: 어서 오세요.

　　나: _____?

　　가: 네, 있어요.

　　나: _____주세요.

## 말하기1
### Speaking 1

**다음의 내용으로 옆 사람과 같이 대화를 만들어 보세요.**

| 학교 축제 | 동대문 쇼핑 | 제주도 여행 |
|---|---|---|

| 보기 | |
|---|---|
| 학교 축제 | 가: 내일 시간 있어요?<br>나: 네, 괜찮아요, 왜요?<br>가: 내일 우리 학교에서 축제를 해요. 같이 가요.<br>나: 좋아요, 몇 시에 만날까요?<br>가: 2시쯤 어때요?<br>나: 괜찮아요. 어디에서 만날까요?<br>가: 학교 앞에서 만나요.<br>　　참, 하이 씨는 내일 축제에서 뭘 하고 싶어요?<br>나: 저는 공연을 보고 싶어요. 은지 씨는요?<br>가: 저는 게임을 하고 싶어요. |

| 동대문<br>쇼핑 | |
|---|---|

| 제주도<br>여행 | |
|---|---|

## 말하기 2
Speaking 2

여러분 나라의 축제를 소개하는 대화문을 만들어 보세요.
아래의 표현을 반드시 한 번 이상 사용해야 해요.

| |
|---|
| 1. V-(으)ㄹ까요? |
| 2. V-고 싶다 |

| | 은지 | 나 |
|---|---|---|
| 축제 이름 | '보성 녹차 축제' | |
| 언제 해요? | 5월 | |
| 어디에서 해요? | 보성 | |
| 무엇을 해요? | 차 잎 따기, 녹차 만들기, 녹차 음식 만들기 | |
| 누가 와요? | 한국사람, 외국사람 | |

**보기**

가: 한국은 무슨 축제가 유명해요?

나: 보성 녹차 축제가 유명해요.

가: 언제 해요?

나: 5월에 해요. 5월에 녹차 잎을 처음 수확해요.

가: 어디에서 해요?

나: 보성에서 해요. 보성은 전라남도에 있는 도시예요.

가: 축제에서 무엇을 해요?

나: 찻잎도 따고 녹차로 음식도 만들어요.

가: 재미있겠어요.

나: 네, 이번 방학에 같이 갈까요?

가: 좋아요!

_____

_____

_____

_____

_____

_____

## 발음
### Pronunciation

 'ㅎ' 발음

> 네, 시간이 괜찮아요.
> [네, 시가니 괜차나요]

 듣고 따라하세요.

> 좋아요[조아요]     많아요[마나요]     놓았어요[노아써요]
> 바쁘지 않아요[바쁘지 아나요]

 'ㅎ' 발음에 주의해서 말하세요.

은지   내일 바쁘지 않아요?

이천   네, 괜찮아요. 왜요?

은지   내일 세종대학교에서 축제를 해요. 같이 축제 구경을 해요.

이천   그래요? 좋아요. 몇 시에 만날까요?

은지   2시에 만날까요? 어때요?

이천   네, 좋아요.

은지   축제에 사람이 많을 거예요. 늦지 마세요.

이천   네, 늦지 않을 거예요.

은지   내일 봐요.

이천   네, 내일 봐요.

## 대동제 Daedongje

In the fourth week of May, a grand party will be held along with Sejong University's birthday. It is a festival called 'Daedongje'. Recent festivals are being held with cultural programs such as performances by various clubs, film festivals, and exhibitions, as well as events utilizing the characteristics of each department.

## 힘미제 Himmije

In autumn, the Sejong University campus burns as red as the red maple leaves. This is because another festival of passionate young university students is being held. A festival that bears fruit of the year - a cultural festival of strength and beauty, various cultural events and sports competitions of each college are held.

# 교수님 면담

## 컴퓨터공학과 노아 학생이지요?

**듣기**
Listening

조교　안녕하세요. 컴퓨터공학과 노아 학생이지요?

노아　네, 맞아요.

조교　저는 컴퓨터공학과 조교예요.

　　　박철민 교수님 면담 약속 때문에 전화했어요.

노아　아, 네. 이번 주 목요일이 맞지요?

조교　네, 그런데 면담 날짜가 미뤄졌어요.

노아　왜요?

조교　박철민 교수님께서 이번 주 목요일에 출장을 가세요.

　　　노아 학생은 언제 시간이 괜찮아요?

노아　다음주 화요일이요.

조교　네, 화요일 오전도 괜찮지요?

노아　오전에는 수업이 있지만 오후에는 시간이 있어요.

조교　그러면 오후 4시는 어때요?

노아　네, 괜찮아요.

조교　그럼 오후 4시에 박철민 교수님 연구실로 오세요.

---

1. 조교는 왜 노아에게 전화를 했어요?
2. 왜 면담 날짜가 미뤄졌어요?
3. 언제 면담을 할 거예요?

# 어휘
Vocabulary

 **약속**

| 날짜 | 면담 | 취소하다 |
|------|------|----------|
| 미루다 | 미뤄지다 | 연기하다 |

 **사람**

| 아버지 | 어머니 | 할아버지 | 할머니 |
|--------|--------|----------|--------|
| 언니 | 누나 | 오빠 | 형 |
| 교수님 | 조교 | 사장님 | 선배/후배 |

**높임말**

| | | |
|---|---|---|
| 있다 - 계시다 | 먹다/마시다 - 드시다 | 보다 - 뵙다 |
| 말하다 - 말씀하시다 | 주다 - 드리다 | 질문하다 - 여쭙다 |
| 자다 - 주무시다 | 아프다 - 편찮으시다 | 죽다 - 돌아가시다 |

## 표현1
### Expression 1

V/A-지요?, N(이)지요?

| 받침 O | 지요? | 먹지요? |
| | | 어렵지요? |
| | 이지요? | 학생이지요? |
| 받침 X | 지요? | 가지요? |
| | | 비싸지요? |
| | | 학교지요? |

▶ 가: 백화점 옷이 비싸지요?　나: 네, 비싸요.

▶ 가: 한국어 공부가 어렵지요?　나: 네, 어려워요.

▶ 가: 세종대학교 학생이지요?　나: 네, 세종대학교 학생이에요.

▶ 가: 점심은 먹을 거지요?　나: 아니요, 안 먹을 거예요.

▶ 가: 오늘 학교에 일찍 왔지요?　나: 아니요, 오늘 지각했어요.

 보기와 같이 문장을 완성하세요.

　오늘 / 시험이다

　　→ 오늘 시험이지요?

1) 이름 / 노아　　　　　→ _____

2) 학교 / 가다　　　　　→ _____

3) 시험 / 있다　　　　　→ _____

4) 내일 / 친구 / 만나다　→ _____

5) 어제 / 백화점 / 쇼핑하다　→ _____

**2** 보기와 같이 대화를 완성하세요.

| 보기 | 가: <u>어제 한국어를 공부했지요?</u> |
|---|---|
| | 나: 네, 한국어를 공부했어요. |

1) 가: _____

   나: 네, 오늘 친구를 만나요.

2) 가: _____

   나: 네, 저는 베트남 사람이에요.

3) 가: _____

   나: 아니요, 옷이 비싸요.

4) 가: _____

   나: 아니요, 책을 안 읽었어요.

5) 가: _____

   나: 네, 전화번호 맞아요.

**3** 옆 사람과 이야기하세요.

 노아 씨가 바쁘지요?

 아니요, 안 바빠요.

| 이름 | 질문 | 대답 |
|---|---|---|
| 노아 | 바쁘다 | X |
| | | |
| | | |

## 표현 2
### Expression 2

N께서  V/A-(으)시

| 받침 O X | 께서 | 선생님께서, 아버지께서 |
|---|---|---|
| 받침 O | 으시 | 읽으세요, 재미있으세요 |
| 받침 X | 시 | 가세요, 친절하세요 |

▶ 선생님께서 책을 읽으세요.

▶ 교수님께서 한국어를 가르치세요.

▶ 아버지께서 회사에 가셨어요.

▶ 어머니께서 선물을 받으셨어요.

▶ 할아버지께서 학교에 가실 거예요.

▶ 교수님께서 시험을 미루실 거예요.

 보기와 같이 문장을 완성하세요.

동생이 텔레비전을 봐요. (어머니)
→ <u>어머니께서 텔레비전을 보세요.</u>

1) 친구는 한국어를 가르쳐요. (교수님)

→ _____.

2) 저는 어제 외국어를 공부했어요. (할아버지)

→ _____.

3) 프엉은 서울에 살아요. (선생님)

→ _____.

4) 동생은 키가 커요. (할머니)

→ _____.

 보기와 같이 문장을 완성하세요.

【보기】 아버지 / 회사 / 가다 → 아버지께서 회사에 가세요.

1) 마리아 / 운동장 / 가다

→ _____.

2) 미아 씨 / 연구실 / 오다

→ _____.

3) 어머니 / 식당 / 요리하다

→ _____.

4) 할머니 / 집 / 있다

→ _____.


3 옆 사람과 이야기하세요.

교수님께서 괜찮으세요.

| 할아버지 | 교수님 |
|---|---|
| 형 | 어머니 |
| 아버지 | 누나 |
| 사장님 | 할머니 |

| 재미있다 | 먹다 |
|---|---|
| 오다 | 친절하다 |
| 맛있다 | 어렵다 |
| 괜찮다 | 듣다 |

## 표현 3
Expression 3

V/A지만

| 받침 O X | 지만 | 먹지만, 싸지만 |
|---|---|---|

▶ 한국어 말하기 수업은 어렵지만 재미있어요.

▶ 백화점 식당은 비싸지만 맛있어요.

▶ 중간고사는 어렵지만 기말고사는 쉬울 거예요.

▶ 오전에는 시간이 없지만 오후에는 시간이 있어요.

▶ 어제 저는 커피를 마셨지만 친구는 안 마셨어요.

 보기와 같이 문장을 완성하세요.

     나, 한국 사람 / 프엉, 베트남 사람

    → <u>저는 한국 사람이지만 프엉 씨는 베트남 사람이에요.</u>

1) 한국어, 어렵다 / 재미있다

   → _____.

2) 옷, 비싸다 / 좋다

   → _____.

3) 나, 도서관, 가다 / 친구, 도서관, 안 가다

   → _____.

4) 나, 휴대폰, 있다 / 동생, 휴대폰, 없다

   → _____.

**2** 보기와 같이 문장을 완성하세요.

보기  가: 모두 괜찮아요?
　　　나: (괜찮다, 안 괜찮다) → 저는 괜찮지만 친구는 안 괜찮아요.

1) 가: 김치가 어때요?
　 나: (맵다 / 맛있다)　　　→ _____.

2) 가: 동생도 빵을 먹었어요?
　 나:(먹다 / 안 먹다)　　　→ _____.

3) 가: 한국어 수업이 어때요?
　 나: (재미있다 / 어렵다)　→ _____.

4) 가: 카페가 어때요?
　 나: (작다 / 예쁘다)　　　→ _____.

**3** 학교를 소개하세요. 옆 사람과 이야기하세요.

> 세종대학교 운동장은 작지만 깨끗해요.
> 도서관은 사람이 많지만 조용해요.

1) _____

_____

2) _____

_____

**옆 사람과 이야기하세요. 한국에서 공부하니까 어때요?**

가: 중국 사람이지요?

나: 네, 중국 사람이에요.

가: 한국에 언제 왔지요?

나: 2월에 왔어요.

가: 학교에서 한국어로 수업하지요?

나: 네, 교수님께서 모두 한국어로 수업하세요.

가: 어때요?

나: 어렵지만 괜찮아요.

가: 학교 생활은 어때요?

나: 재미있고 즐거워요.

가: 학교 식당 음식은 어때요?

나: 맛있지만 조금 비싸요.

1) 도서관

2) 한국 지하철

3) 한국 음식 배달

_____

_____

_____

_____

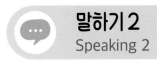

## 말하기 2
### Speaking 2

두 사람이 함께 대화문을 만들어 보세요.
아래의 표현을 반드시 한 번 이상 사용해야 해요.

---

1) V/A-지요?

2) N-(이)지요?

3) N께서

4) V/A-(으)세요.

5) V/A-지만

---

_____

_____

_____

_____

_____

_____

_____

_____

_____

※ 대화문을 보지 않고 사람들 앞에서 대화해 보세요.

**발음**
Pronunciation

 **'ㅎ' 약화**

> 컴퓨터공학과 조교예요.
> [컴퓨터공아꽈 조교예요.]

※ 표준발음은 [ㅎ]를 정확하게 발음해야 해요.

 듣고 따라하세요.

> 방학[방학/방악]　고향[고향/고양]
> 은행[은행/으냉]　전화[전화/저놔]

**2** 'ㅎ' 발음에 주의해서 말하세요.

조교　저는 컴퓨터공학과 조교예요. 면담 약속 때문에 전화했어요.

노아　아, 네. 이번 주 목요일이 맞지요?

조교　네, 그런데 박철민 교수님께서 이번주 목요일에 고향에 가세요.
　　　다음주 화요일 오전도 괜찮지요?

노아　아니요, 다음주 화요일 오전에 은행에 갈 거예요.

조교　아, 그러면 다음주 금요일은 어때요?

노아　네, 괜찮아요. 그런데 다음주 금요일은 방학이에요.

조교　네, 맞아요. 방학에도 면담을 할 거예요.
　　　다음주 금요일 2시에 박철민 교수님 연구실로 오세요.

노아　네, 알겠습니다.

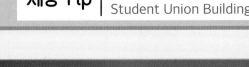

**세종 Tip** | 학생회관
Student Union Building

(http://en.sejong.ac.kr/eng/academics/Facilities.do)

| | |
|---|---|
| B2 | Club room, Health care center |
| B1 | Grand performance hall, Small performance hall, Student cafeteria |
| 1F | University job project group, Student convenience facilities |
| 2F | Global Lounge, Health room, External affairs office, Student convenience facilities |
| 3F | Sejong Lounge, Student Life Counseling Center, Employment and Entrepreneurship Support Center |
| 4F | Student council and affiliated organizations, College student council, Reserve service council, Club association |
| 5F | Club room |
| 6F | Club room, ZIU, Sejong University Newspaper, Gunja Broadcasting Station SKBS, Seminar room |

# 방학

## 수혁 씨는 방학에 뭐 할 거예요?

## 8장

학습
목표

☆ 표현: -(으)러, -못, -(으)ㄹ 줄 알다/모르다
☆ 듣기: 방학 계획
☆ 발음: 격음화 1
☆ 세종 Tip: 학생회

수혁　다음 주부터 방학이에요.

리엔　네, 맞아요. 수혁 씨는 방학에 뭐 할 거예요?

수혁　운전을 배우러 운전학원에 다닐 거예요.
　　　리엔 씨는 방학에 뭐 할 거예요?

리엔　저는 방학에 고향에 갈 거예요.

수혁　고향이요?

리엔　네, 부모님하고 친구들을 보러 고향에 갈 거예요.

수혁　고향에서 뭐 할 거예요?

리엔　불고기를 만들 거예요. 그리고 부모님하고 같이 먹을 거예요.

수혁　리엔 씨, 불고기를 만들 줄 알아요?

리엔　네, 인터넷에서 보고 배웠어요. 수혁 씨도 만들 줄 알아요?

수혁　아니요, 저는 불고기를 만들 줄 몰라요. 밥도 못해요.

리엔　요리는 재미있어요. 인터넷 요리 동영상을 보고 배우세요.

---

1. 수혁 씨는 방학에 뭐 할 거예요?
2. 리엔 씨는 방학에 뭐 할 거예요?
3. 수혁 씨는 무엇을 할 줄 몰라요?

# 어휘
## Vocabulary

 **방학과 활동**

|  | | | | |
|---|---|---|---|---|
| 방학 | 운전 | 운전학원 | 테니스를 치다 | 골프를 치다 |
| 스키를 타다 | 자전거를 타다 | 기타를 치다 | 바이올린을 켜다 | 태권도를 하다 |

➕ **여행 계획**

|  | | |
|---|---|---|
| 비행기 | 비행기 표 | 여권 |
| 숙소 | 예약하다 | 돈을 바꾸다 |

# 표현 1
## Expression 1

V-(으)러 가다/오다

| 받침 O | 으러 | 밥을 먹으러 식당에 가요. |
|--------|------|------------------------|
| 받침 X | 러   | 사과를 사러 시장에 가요. |

▶ 한국어를 배우러 왔어요.

▶ 주말에 영화 보러 갈까요?

▶ 가: 어디에 가세요?

　나: 돈을 찾으러 은행에 가요.

 보기와 같이 대화를 완성하세요.

　　밥을 먹다, 식당

→ 밥을 먹으러 식당에 가요.

1) 소포를 보내다, 우체국

　→ _____.

2) 커피를 마시다, 커피숍

　→ _____.

3) 손을 씻다, 화장실

　→ _____.

4) 책을 읽다, 도서관

　→ _____.

5) 돈을 바꾸다, 은행

   → _____.


**2** 보기와 같이 대화를 완성하세요.

| 일요일 | 월요일 | 화요일 | 수요일 | 목요일 | 금요일 | 토요일 |
|---|---|---|---|---|---|---|
| 1 | 2 오늘 | 3 | 4 | 5 | 6 | 7 |
| 옷<br>백화점 | 공부<br>학교 | 책<br>도서관 |  | 영화<br>극장 |  | 운전<br>운전학원 |

> **보기**
>
> 가: 오늘 뭐 해요?
>
> 나: 공부하러 학교에 가요.

1) 가: 어제 뭐 했어요?

   나: _____.

2) 가: 내일 뭐 할 거예요?

   나: _____.

3) 가: 목요일에 극장에 왜 가요?

   나: _____.

4) 가: 토요일에 운전학원에 왜 가요?

   나: _____.

**3** 옆 사람과 이야기하세요.

어디에서 옷을 사요?

친구 1: 저는 옷을 사러 동대문에 가요.
친구 2: 저는 옷을 사러 백화점에 가요.

| 질문 | 친구 1 | 친구 2 |
|---|---|---|
| 1) 어디에서 옷을 사요? | 동대문 | 백화점 |
| 2) 어디에서 한국 음식을 먹어요? | | |
| 3) 어디에서 운동을 해요? | | |
| 4) 어디에서 친구를 만나요? | | |
| 5) | | |

## 표현 2
### Expression 2

못 V

| 못 | 못 가요, 못 먹어요 |
|---|---|
| N하다 | 운전 못 해요 |

▶ 저는 수영을 못 해요.

▶ 저는 김치를 못 먹어요.

▶ 어제 친구를 못 만났어요.

▶ 가: 오후에 영화 보러 갈까요?

나: 내일 시험이 있어요. 못 가요.

**1** 보기와 같이 문장을 완성하세요.

보기
　　가: 수영을 해요?
　　나: (아니요) 아니요, 못 해요.

1) 가: 스키를 타요?

　나: (아니요) _____.

2) 가: 운전을 해요?

　나: (아니요) _____.

3) 가: 테니스를 쳐요?

　나: (아니요) _____.

4) 가: 점심을 먹었어요?

　나: (아니요) _____.

5) 가: 방학에 고향에 갔어요?

　　나: (아니요) _____.

 보기와 같이 대화를 완성하세요.

 　　　　가: 옷을 샀어요?

　　　　　나: 아니요, 너무 비싸서 못 샀어요.

1) 가: 어제 밤에 잘 잤어요?

　　나: 아니요, _____.

2) 가: 어제 영화 보러 갔어요?

　　나: 아니요, _____.

3) 가: 아침에 운동을 했어요?

　　나: 아니요, _____.

4) 가: 주말에 쉬었어요?

　　나: 아니요, _____.

 대화문을 만들고 옆 사람과 이야기해 보세요.

 　　　　가: 어제 밤에 잘 잤어요?

　　　　　나: 아니요, 잘 못 잤어요.

　　　　　가: 왜요?

　　　　　나: 옆집이 시끄러워서 못 잤어요.

1)

가: 방학 때 고향에 가요?

나: 아니요, _____.

가: 왜요?

나: _____.

2)

가: 한국말을 잘해요?

나: 아니요, _____.

가: 왜요?

나: _____.

3)

가: 한국 음식을 잘 먹어요?

나: 아니요, _____.

가: 왜요?

나: _____.

## 표현 3
Expression 3

V-(으)ㄹ 줄 알다/모르다

| 받침 O | 을 줄 알다/모르다 | 한글을 읽을 줄 알아요 |
|---|---|---|
| 받침 X | ㄹ 줄 알다/모르다 | 수영을 할 줄 몰라요 |

▶ 스키를 탈 줄 몰라요.

▶ 운전을 할 줄 알아요.

▶ 가: 한국 음식을 만들 줄 알아요?

　나: 아니요, 만들 줄 몰라요.

 보기와 같이 문장을 완성하세요.

 　　수영을 하다 O, 태권도를 하다 X

　→ 수영을 할 줄 알아요. 태권도를 할 줄 몰라요.

1) 자전거를 타다 O, 운전을 하다 X

　→ _____.

2) 한글을 읽다 O, 한글을 쓰다 X

　→ _____.

3) 고향 음식을 만들다 O, 한국 음식을 만들다 X

　→ _____.

4) 고향 노래를 부르다 O, 한국 노래를 부르다 X

　→ _____.

## 2 보기와 같이 대화를 완성하세요.

보기

가: 수영을 할 줄 알아요?

나: 네, 할 줄 알아요.

1) 가: 자전거를 탈 줄 알아요?

　나: _____.

2) 가: 한복을 입을 줄 알아요?

　나: _____.

3) 가: 한국 노래를 왜 안 불러요?

　나: _____.

4) 가: 김밥을 만들 줄 알지요?

　나: _____.

5) 가: 일본어를 좀 가르쳐 주세요.

　나: 미안해요, _____.

## 3 다음 빈칸을 완성하세요. 누가 할 줄 알아요?

| 질문 | 이름 |
|---|---|
| 1) 한국 노래를 _____? | 하이 |
| 2) 혼자 한국 여행을 _____? | |
| 3) 한국 음식을 _____? | |
| 4) 골프를 _____? | |
| 5) 태권도를 _____? | |
| 6) 고향의 전통 춤을 _____? | |
| 7) 한국어로 메시지를 _____? | |

**누가 할 줄 알아요? 소개하세요.**

보기　하이 씨는 한국 노래를 부를 줄 알아요.

## 말하기1
### Speaking 1

방학 때 무엇을 배우고 싶어요? <보기>와 같이 이야기하세요.

|  | 하이 | 우혁 | 나 |
|---|---|---|---|
| 무엇을 | 수영 | 운전 |  |
| 어디에서 | 학교 근처 수영장 | 강남 운전학원 |  |
| 언제 | 아침 | 토요일 |  |
| 누구하고 | 혼자 | 친구 |  |

**보기**

가: 하이 씨는 방학 때 뭘 배우고 싶어요?

나: 저는 수영을 못 해요. 그래서 방학 때 배우고 싶어요.

가: 어디에서 배울 거예요?

나: 학교 근처 수영장에서 배울 거예요.

가: 수영하러 언제 갈 거예요?

나: 아침에 갈 거예요.

가: 누구하고 갈 거예요?

나: 혼자 갈 거예요.

가: 같이 갈까요? 저도 수영을 할 줄 몰라요.

나: 그래요? 잘 됐네요. 우리 같이 수영하러 가요.

# 말하기2
## Speaking 2

**다음 표의 질문으로 친구와 이야기하세요.**

| 질문 | 친구 1 | 친구 2 |
|---|---|---|
| 1) 방학에 어디에 여행을 가고 싶어요? | | |
| 2) 얼마 동안 가고 싶어요? | | |
| 3) 누구하고 가고 싶어요? | | |
| 4) 뭘 타고 가고 싶어요? | | |
| 5) 뭘 가지고 가야 해요? | | |
| 6) 기차/비행기/버스를 예매할 줄 알아요? | | |
| 7) 숙소를 예약할 줄 알아요? | | |
| 8) 지도를 볼 줄 알아요? | | |

## 발음
### Pronunciation

 **격음화 1**

> 밥도 못해요.
> [밥또 모태요]

 **1** 듣고 따라하세요.

| | |
|---|---|
| 귀찮다[귀찬타] | 집현관[지편관] |
| 답답하다[답다파다] | 닫히다[다치다] |

**2** 격음화에 주의해서 말하세요.

리엔  불고기를 만들 거예요.

수혁  리엔 씨, 불고기를 만들 줄 알아요?

리엔  네, 인터넷에서 보고 배웠어요. 수혁 씨도 만들 줄 알아요?

수혁  아니요, 저는 밥도 못해요.

리엔  요리는 재미있어요.

수혁  저는 '요리가 귀찮다' 생각해요. 주로 식당에서 음식을 먹어요.

리엔  식당이 닫혔어요. 그러면 어떻게 해요?

수혁  그냥 밥을 먹지 않아요.

리엔  네?? 그냥 요리를 배우세요. 수혁 씨 답답해요.

## ISA (International Students Association)

ISA stands for International Students Association and has been founded on 2014 by a group of enthusiastic international students. ISA is the main and only official student body to represent and support international students in Sejong University. Its aim is to make life of international students easy and comfortable, protect international students' rights, communicate students with the administration, provide useful information related to student life, academics, etc. Each year ISA organizes number of events such as International Students Sports Festival, Korean Culture Trip, Movie Nights, Cultural Nights and so on. ISA also provides international and Korean students with opportunities to take part in voluntary activities to help people in need.

(http://en.sejong.ac.kr/eng/academics/Student_Association.do)

9장

# 개강

## 이번 학기에 뭘 하려고 해요?

**학습 목표**

☆ **표현:** -이라고 하다, -(으)려고, -았/었으면 좋겠다

☆ **듣기:** 새 학기 계획

☆ **발음:** 격음화 2

☆ **세종 Tip:** 동아리 활동

# 듣기
Listening

**교수** 여러분, 방학 잘 보내셨지요? 오늘은 첫 시간이니까
10분 동안 옆 사람과 인사하고 이번 학기 계획을
이야기하세요.

**수현** 안녕하세요? 저는 손수현이라고 해요.

**히엔** 안녕하세요? 수현 씨, 저는 응우엔 히엔이라고 해요.

**수현** 반가워요. 히엔 씨는 방학 잘 보냈어요?

**히엔** 네, 잘 보냈어요. 수현 씨는요?

**수현** 저도 잘 보냈어요. 그런데 방학이 짧아서 좀 아쉬웠어요.
히엔 씨는 이번 학기 계획이 뭐예요?

**히엔** 저는 이번 학기에 TOPIK2 시험을 보려고 해요.
지금은 1급이지만 이번 학기에는 꼭 2급을 받고 싶어요

**수현** 네, 히엔 씨가 꼭 2급을 받았으면 좋겠어요.

**히엔** 고마워요. 수현 씨는 이번 학기에 뭘 하려고 해요?

**수현** 저는 운전면허를 따려고 해요. 방학에 운전면허 시험을 봤지만 떨어졌
어요. 그래서 시험을 다시 봐야 해요. 이번에는 합격했으면 좋겠어요.

**히엔** 합격할 거예요. 걱정하지 마세요.

**수현** 고마워요.

---

1. 수현 씨는 방학에 무엇을 했어요?
2. 히엔 씨는 이번 학기에 무엇을 하려고 해요?
3. 수현 씨는 이번 학기에 무엇을 하려고 해요?

# 어휘
## Vocabulary

 **개강**

| 개강하다 | 새학기 | 자기 소개 | 인사하다 | 첫 시간 |
|---|---|---|---|---|

 **학기 계획**

| 강의 | 아르바이트 | 친구 |
|---|---|---|
|  | | |
| 강의를 듣다 | 아르바이트를 하다 | 사귀다 |

| 시험 | | | |
|---|---|---|---|
|  | TOPIK 1급 ✓<br>TOPIK 2급 ✓ |  |  |
| N점 | N급을 따다 | 합격하다 | 떨어지다 |

## 표현 1
Expression 1

N(이)라고 하다

| 받침 O | 이라고 하다 | 히엔이라고 해요 |
| --- | --- | --- |
| 받침 X | 라고 하다 | 김민수라고 해요 |

▶ 안녕하세요, 저는 히엔이라고 해요.

▶ 저는 김민수라고 해요.

▶ 안녕하세요, 경영학과 제시카라고 해요. 만나서 반가워요.

 보기와 같이 맞는 것에 ◯ 하세요.

   저는 히엔( 라고 / (이라고) ) 해요.

1) 저는 마리 ( 라고 / 이라고 ) 해요.

2) 만나서 반가워요. 저는 박재민 ( 라고 / 이라고 ) 해요.

3) 안녕하세요, 저는 컴퓨터공학과 나디아 ( 라고 / 이라고 ) 해요.

4) 안녕하세요, 음악학과 소냐 ( 라고 / 이라고 ) 해요.

5) 저는 흐엉 ( 라고 / 이라고 ) 해요.

보기와 같이 문장을 완성하세요.

가: 안녕하세요, 이름이 뭐예요?

나: <u>히엔이라고 해요</u> (히엔).

1) 가: 안녕하세요, 저는 흐엉이에요.

   나: 안녕하세요, _____(마리아).

2) 가: 이름이 뭐예요?

   나: _____(박태민).

3) 가: 안녕하세요, 경영학과 이은진이라고 해요.

   나: 안녕하세요, _____(국어국문학과 장웨이).

3 그림을 보고 문장을 완성하세요.

김민수     마리아

가: 안녕하세요, 김민수라고 해요.

나: 안녕하세요, _____.

경영학과    컴퓨터공학과
아이샤      자스민

가: 안녕하세요, 경영학과 _____.

나: 안녕하세요, _____.

행정학과    화학과
박철민      마이클

가: _____.

나: _____.

## 표현 2
### Expression 2

V-(으)려고

| 받침 O | 으려고 | 먹으려고 |
|--------|--------|----------|
| 받침 X | 려고 | 가려고 |

▶ 점심을 먹으려고 학생식당에 가고 있어요.

▶ 명동에 가려고 지하철을 탔어요.

▶ 마이클 씨는 강의를 들으려고 광개토관에 갔어요.

▶ 일요일에 TOPIK2 시험을 보려고 해요.

**1** 다음 표를 완성하세요.

| 단어 | -(으)려고 | 단어 | -(으)려고 |
|------|-----------|------|-----------|
| 먹다 | | 가다 | |
| 읽다 | | 쓰다 | |
| 걷다 | | 말하다 | |
| 듣다 | | 마시다 | |
| 만들다 | | 공부하다 | |
| 돕다 | | 여행하다 | |

**2** 보기와 같이 문장을 완성하세요.

> **보기**　　(어제) 명동에 가다, 지하철을 타다
> → 어제 명동에 가려고 지하철을 탔어요.

1) (지금) 커피를 마시다, 카페에 가다

　→ _____.

2) (지난주) 방학에 여행을 하다, 아르바이트를 하다

　→ _____.

3) (지금) 편지를 보내다, 우체국에 가다

　→ _____.

4) (어제) 불고기를 만들다, 슈퍼마켓에서 고기를 사다

　→ _____.

5) (어제) 신문을 읽다, 신문을 사다

　→ _____.


**3** 대화를 완성하세요.

1) 가: 지금 어디에 가요?

　나: _____.

2) 가: 어제 왜 백화점에 갔어요?

　나: _____.

3) 가: 왜 세종대학교에 왔어요?

　나: _____.

4) 가: 이번 학기에 무엇을 할 거예요?

　나: _____.

# 표현3
## Expression 3

V/A-았/었으면 좋겠다

| ㅏ, ㅗ O | 았으면 좋겠다 | 갔으면 좋겠어요 |
|---|---|---|
| ㅏ, ㅗ X | 었으면 좋겠다 | 컸으면 좋겠어요 |
| 하다 | 였으면 좋겠다 | 합격했으면 좋겠어요 |

▶ 제주도에 갔으면 좋겠어요.

▶ 키가 더 컸으면 좋겠어요.

▶ TOPIK2 시험에 합격했으면 좋겠어요.

 다음 표를 완성하세요.

| 단어 | -았/었/였으면 좋겠다 | 단어 | -았/었/였으면 좋겠다 |
|---|---|---|---|
| 가다 | | 합격하다 | |
| 오다 | | 먹다 | |
| 받다 | | 듣다 | |
| 많다 | | 크다 | |
| 싸다 | | 예쁘다 | |
| 공부하다 | | 따뜻하다 | |

**2** 보기와 같이 문장을 완성하세요.

보기 　　　　TOPIK2 시험에 합격했으면 좋겠어요. (합격하다)

1) 시험에서 100점을 _____.(받다)

2) 친구하고 같이 케이팝을 _____.(듣다)

3) 다음주에 바다에 갈 거예요. 바다가 _____.(예쁘다)

4) 돈이 없어서 옷을 많이 못 샀어요. 돈이 _____.(많다)

5) 부모님과 같이 고향 음식을 _____.(먹다)

 **3** 단어를 보고 옆 사람과 이야기하세요.

방학에 무엇을 했으면 좋겠어요?

방학에 제주도에 갔으면 좋겠어요.

| 이름 | 언제 | 무엇을 |
|---|---|---|
|  | 방학에 | 제주도에 갔으면 좋겠어요. |
|  | 주말에 |  |
|  | 저녁에 |  |
|  | 이번 학기에 |  |

방학에 무엇을 했으면 좋겠어요?

주말에 무엇을 했으면 좋겠어요?

저녁에 무엇을 먹었으면 좋겠어요?

어디에 여행을 갔으면 좋겠어요?

이번 학기에 무엇을 했으면 좋겠어요?

친구들에게 자기소개를 하세요.

아래의 표현을 반드시 한 번 이상 사용해야 해요.

---

1. N(이)라고 해요
2. V-(으)려고
3. V/A-았/었으면 좋겠어요

---

 

 

 

 

 

 

 

 

**친구들의 자기소개를 들으세요. 그리고 아래의 표에 메모하세요.**

| 친구의 이름 | 전공 | 이번 학기에 무엇을 하려고 해요? | 이번 학기에 무엇을 했으면 좋겠어요? |
|---|---|---|---|
| 마리아 | 경영학과 | TOPIK2 시험을 보려고 공부해요. | 한국 친구를 많이 만났으면 좋겠어요. |
| | | | |
| | | | |
| | | | |
| | | | |
| | | | |
| | | | |
| | | | |
| | | | |
| | | | |
| | | | |

## 발음
Pronunciation

 **격음화 ㄹ**

> 이번에는 합격했으면 좋겠어요.
> [이버네는 합껴캐쓰면 조케써요]

 듣고 따라하세요.

계획하다[계회카다]　개학하다[개하카다]　반복하다[반보카다]

 격음화에 주의해서 말하세요.

수현　히엔 씨, 방학 잘 보냈어요?

히엔　네, 잘 보냈어요. 수현 씨는요?

수현　저도요.

히엔　이번 학기에 무엇을 계획해요?

수현　저는 TOPIK 시험을 보려고 해요. 2급에 합격하고 싶어요.

히엔　저도 이번 학기에 TOPIK 시험을 보려고 해요.

수현　우리 모두 꼭 합격했으면 좋겠어요.

히엔　네, 합격할 거예요.

수현　맞아요. 불합격하면 반복해서 시험을 볼 거예요.

Club activity is encouraged to discover more extra enjoyment in addition to campus life of the lecture room and to satisfy the shortage of campus life with hobbies and interactions.

There are over 40 club activities in five departments (academics, sports, voluntary service, culture, religion) which are the flowers of university culture that allow students to learn new things and make new friends.

These following club activities provide Sejong students the room to play in romance and grace in campus life.

※ Club Activity Association: #408, Student Union Building

| Types | Clubs | Main Activities & Purposes |
|---|---|---|
| Performance | Gaper | Gag & performance |
| | Sound Plus | Performance of rock music & protest song |
| | Teoberlim | Performance of Korean traditional percussions |
| Service | Balparam | Korean traditional martial arts |
| Service | SELS | English educational service |
| | Rotaract | Associated volunteer club |
| Culture | Yul | Practicing traditional Korean Dance |

(http://en.sejong.ac.kr/eng/academics/Club_Activity.do)

# 10장

# 건강 관리

## 지아 씨, 얼굴이 안 좋아 보여요.

**학습 목표**

☆ **표현:** 아/어 보이다, -아/어야지요, -아/어야겠다

☆ **듣기:** 감기 증상

☆ **발음:** 'ㄴ'첨가

☆ **세종 Tip:** 보건실

# 듣기
## Listening

| 선혜 | 지아 씨, 괜찮아요? 얼굴이 안 좋아 보여요. |
|---|---|
| 정우 | 맞아요. 아파 보여요. |
| 지아 | 어제 저녁에 산책하러 어린이대공원에 갔어요. |
| | 그런데 갑자기 비가 와서 비를 많이 맞았어요. |
| 선혜 | 열도 나요? |
| 지아 | 네, 열도 나고 콧물도 나요. 또 목도 좀 부었어요. |
| 정우 | 병원에 다녀왔어요? |
| 지아 | 아니요, 선혜 씨, 정우 씨와 스터디를 하려고 아직 안 갔어요. |
| 선혜 | 뭐라고요? 아프면 병원부터 가야지요. |
| 지아 | 병원에 가고 싶지 않아서... |
| 정우 | 지아 씨, 증상이 심해 보여요. 약을 먹어야 돼요. |
| 선혜 | 맞아요. 우리 같이 보건실에 갈까요? |
| 지아 | 보건실이요? |
| 선혜 | 네, 집현관 1층에 보건실이 있어요. |
| | 보건실에서 감기약을 받을 수 있어요. |
| 지아 | 그럼 보건실에 가야겠어요. |

---

1. 지아 씨는 어제 저녁에 무엇을 했어요?
2. 지아 씨는 어떤 증상이 있어요?
3. 세 사람은 어디에 가려고 해요?

# 어휘
## Vocabulary

 몸

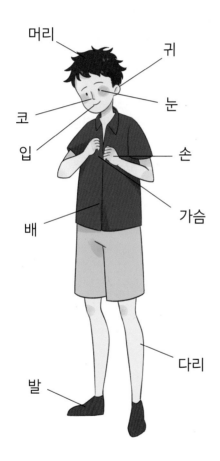

머리
귀
눈
코
입
손
배
가슴
다리
발

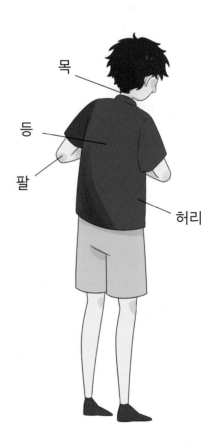

목
등
팔
허리

## ➕ 증상

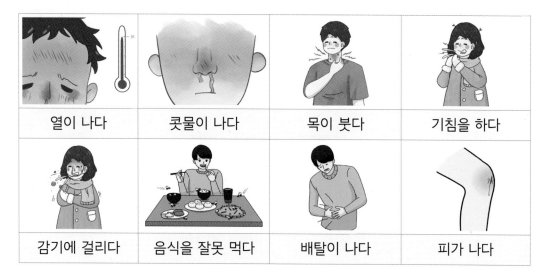

| 열이 나다 | 콧물이 나다 | 목이 붓다 | 기침을 하다 |
|---|---|---|---|
| 감기에 걸리다 | 음식을 잘못 먹다 | 배탈이 나다 | 피가 나다 |

## ➕ 치료

| 약 | 감기약 | 해열제 | 진통제 | 소화제 |
|---|---|---|---|---|
| 비상약 | 소독하다 | 보건실 | 처방받다 | 처방전 |

## 표현 1
### Expression 1

A-아/어 보이다

| ㅏ, ㅗ O | 아 보이다 | 작아 보이다, 밝아 보이다 |
|---|---|---|
| ㅏ, ㅗ X | 어 보이다 | 적어 보이다, 맛있어 보이다 |
| 하다 | 여 보이다 | 불편해 보이다,<br>깨끗해 보이다 |

▶ 가: 지현 씨, 아파 보여요.

　나: 네. 아까부터 배가 좀 아프네요.

▶ 가: 민서 씨, 이 운동화 어때요?

　나: 가격이 비싸지만 편해 보여요.

▶ 이 요리 정말 맛있어 보여요.

▶ 그 옷을 입으니까 날씬해 보여요.

 보기와 같이 문장을 완성하세요.

（보기） 무슨 좋은 일이 있어요? 기분이 <u>좋아 보여요.</u> (좋다)

1) 가방이 _____. (무겁다)

2) 조금 이따가 다시 전화하세요. 민서 씨가 지금 _____. (바쁘다)

3) 머리를 묶으니까 _____. (예쁘다)

4) 무슨 일이 있어요? 걱정이 _____. (많다)

5) 옷을 다 정리하니까 방이 _____. (크다)

6) 이 쿠키 _____. (맛있다) 두 개 살까요?

7) 이 드라마는 _____. (재미없다) 다른 드라마 볼까요?


**2** **보기와 같이 대화를 완성하세요.**

**보기**
가: 이 영화 봤어요? <u>재미있어 보여요.</u> (재미있다)
나: 아니요, 못 봤어요. 이 영화를 볼까요?
가: 네, 좋아요.

1) 가: 린다 씨, 코트를 입으세요. 조금 _____. (춥다)
   나: 그래요? 알겠어요. 고마워요.

2) 가: 어제 몇 시에 잤어요? _____? (피곤하다)
   나: 어제 새벽 3시에 자서 지금 너무 졸려요.

3) 가: 정장을 입으니까 _____? (멋있다)
   나: 그래요? 감사합니다.

옆 사람과 이야기하세요.

얼굴이 왜 그래요?
아파 보여요.

어젯밤에 음식을 잘못
먹어서 배가 아파요.

| 질문 | 상황 |
|---|---|
| 얼굴이 왜 그래요? 아파 보여요. | 어젯밤에 음식을 잘못 먹었다. |
|  | 내일 전공과목 시험이 있다. |
|  | 오늘 면접이 있다. |
|  |  |

# 표현 2
## Expression 2

V-아/어야지요

| ㅏ, ㅗ O | 아야지요 | 가야지요, 봐야지요, 찾아야지요 |
|---|---|---|
| ㅏ, ㅗ X | 어야지요 | 먹어야지요, 읽어야지요 |
| 하다 | 여야지요 | 운동해야지요, 공부해야지요 |

▶ 가: 민서 씨, 지금 많이 늦었으니까 얼른 자야지요.

나: 앗! 시간이 벌써 12예요.

▶ 가: 서희 씨, 음식을 골고루 먹어야지요.

나: 네, 알았어요.

▶ 이 책은 나나 씨 책이니까 나나 씨에게 줘야지요.

 보기와 같이 문장을 바꿔보세요.

     신발을 벗고 들어가다.
    → 신발을 벗고 들어가야지요.

1) 인사할 때 허리를 숙이다.     → _____.

2) 노약자에게 자리를 양보하다.     → _____.

3) 영화를 볼 때 휴대전화를 끄다.     → _____.

4) 쓰레기를 쓰레기통에 버리다.     → _____.

5) 음식을 주문할 때 줄을 서다.     → _____.

## 2 보기와 같이 대화를 완성하세요.

가: 건강을 위해서 어떤 음식을 먹어야지요?

나: <u>채소와 과일을 많이 먹어야지요.</u> (채소와 과일, 많이 먹다)

1) 가: 오늘 날씨가 좋아요. 어디로 가야지요?

　 나: _____.

2) 가: 어젯밤부터 머리가 계속 아파요. 어떻게 해야지요?

　 나: _____.

3) 가: 아침에 일어나면 뭐부터 해야지요?

　 나: _____.

4) 가: 아까 넘어져서 무릎에 피가 났어요.

　 나: _____.

**3** 옆 사람과 이야기하세요.

> 영화관에서는 핸드폰을
> 진동으로 해야지요.

| 상황 | 대화 |
|---|---|
| 영화관 | 영화관에서는 핸드폰을 진동으로 해야지요. |
| 식사 시간 | |
| 버스 | |
| | |

# 표현 3
## Expression 3

V-아/어야겠다

| ㅏ, ㅗ O | 아야겠다 | 가야겠어요, 봐야겠어요, 찾아야겠어요 |
|---|---|---|
| ㅏ, ㅗ X | 어야겠다 | 먹어야겠어요, 읽어야겠어요 |
| 하다 | 여야겠다 | 운동해야겠어요, 공부해야겠어요 |

▶ 가: 민주 씨, 얼굴이 안 좋아 보여요.

　나: 네, 얼른 병원에 가야겠어요.

▶ 가: 기차 시간이 다 됐어요.

　나: 서둘러야겠어요.

▶ 주말에 가족들과 같이 여행가니까

　과제를 빨리 다 끝내야겠어요.

 보기와 같이 문장을 완성하세요.

보기　　쓰레기가 너무 많아요. 쓰레기를 버려야겠어요. (쓰레기를 버리다)

1) 배가 너무 고파요. 빨리 집에 가서 _____. (밥을 먹다)

2) 너무 졸려요. 얼른 _____. (집에 가서 자다)

3) 옷이 더러워요. _____. (옷을 빨다)

4) 어제 통장을 잃어버렸어요. 내일 _____. (은행에 가다)

5) 비가 오네요. _____. (우산을 챙겨가다)

6) 커피를 쏟았어요. _____. (청소하다)

7) 집에 비상약을 다 먹었어요. _____. (비상약을 사 오다)


**2** 보기와 같이 대화를 완성하세요.

보기
　　　가: 제이슨 씨, 핸드폰이 고장 났어요?
　　　나: 네, 수업 끝나고 <u>수리를 맡겨야 겠어요.</u> (수리, 맡기다)

1) 가: 나나 씨, 이번 기말고사 잘 봤어요?

　　나: 아니요. _____. (한국어 공부, 더 열심히 하다)

2) 가: 민서 씨, 어디 아파요?

　　나: 배탈이 났어요. 이따가 _____. (병원, 가다)

3) 가: 왜 이렇게 열심히 한국어를 공부해요?

　　나: _____.

4) 가: 이번 방학에 뭐 할 거예요?

　　나: _____.

**옆 사람과 이야기하세요.**

부모님이 안 보고 싶어요?

보고 싶지요. 오늘 저녁에 부모님께 전화 드려야겠어요.

| 상황 | 결심/계획 |
|---|---|
| 부모님이 보고 싶다 | 오늘 저녁에 부모님께 전화를 드리다 |
| 다음 주에 해외 여행을 가다 | |
| 살이 많이 쪘다 | |
| 주말에 한강 공원에 소풍을 가다 | |

# 말하기 1
Speaking 1

**옆 사람과 이야기하세요.**

**보기**

가: 프엉 씨, 얼굴이 너무 안 좋아 보여요. 어디가 아파요?

나: 아침에 음식을 잘못 먹었어요. 지금 배가 아파요.

가: 병원에 갔어요?

나: 아니요. 10시 반에 시험이 있어서 못 갔어요.

가: 그럼 약국에도 안 갔어요?

나: 약국도 못 갔어요.

가: 뭐라고요? 얼른 약부터 사 먹어야지요.

나: 이따가 시험 끝나고 바로 병원 가야겠어요.

가: 제가 약국에 가서 약을 사 올까요?

나: 고마워요. 지우 씨.

| 지우 | 프엉 |
|---|---|
| - 상황: 친구가 얼굴이 안 좋다.<br>　　　　친구를 걱정하고 있다.<br>- 조언: 약을 사 오다. | - 이유: 아침에 음식을 잘못 먹었다.<br>- 증상: 배가 아프다.<br>- 상황: 병원 X → 10시 반, 시험이 있다.<br>　　　　약국 X → 약을 못 먹었다.<br>- 대안: 시험 끝나다 - 병원에 가다. |
| **민수** | **유키** |
| - 상황: 친구가 고민이 많다.<br>　　　　친구를 도와주고 싶다.<br>- 도움: 대본을 고치다. | - 이유: 말하기 대회를 준비해야 한다.<br>- 결과: 걱정을 하다.<br>- 상황: 주제를 정하다.<br>　　　　대본을 다 완성하지 못하다.<br>- 계획: 연습을 더 많이 하다. |

| 지민 | 현서 |
|---|---|
| - 상황: 친구가 아프다.<br>　　　친구를 걱정하고 있다.<br>- 도움: 죽을 사 오다. | - 이유: 요즘 계속 밤새 공부했다.<br>- 결과: 기침이 나고 열도 났다.<br>- 상황: 병원 O → 약처방 받았다.<br>　　　약 X → 밥은 안 먹었다.<br>- 계획: 내일까지 푹 쉬다. |

 **말하기 2**
Speaking 2

두 사람이 함께 대화문을 만들어 보세요.
아래의 표현을 반드시 한 번 이상 사용해야 해요.

---

1) A-아/어 보이다

2) V-아/어야지요

3) V-아/어야겠다

---

질문　요즘 몸에 이상이 있어요?
　　　이유가 뭐예요?
　　　어떻게 해야 해요?

_____

_____

_____

_____

_____

_____

※ 대화문을 보지 않고 사람들 앞에서 대화해 보세요.

# 발음
## Pronunciation

 'ㄴ' 첨가

> 열도 나고 콧물도 나요.
> [열도 나고 콘물도 나요]

 듣고 따라하세요.

무슨 일[무슨 닐]    색연필[색년필]    강남역[강남녁]

 'ㄴ' 에 주의해서 말하세요.

선혜  지아 씨, 무슨 일 있어요? 얼굴이 안 좋아 보여요.

지아  네, 열도 나고 콧물도 나요. 목도 좀 부었어요.

선혜  왜 감기에 걸렸어요?

지아  어제 색연필을 사러 강남역에 갔어요.
      그런데 갑자기 비가 와서 비를 많이 맞았어요.

선혜  병원에 다녀왔어요?

지아  아니요, 강남역에 색연필이 없어서 오늘 동대문역에 다녀왔어요.

선혜  뭐라고요? 아프면 병원부터 가야지요.

지아  네, 이따가 병원에 가야겠어요.

세종 Tip │ 보건실
Health Care Center

The Health Care Center is responsible for attending to the health needs of Sejong students, faculty and staff. The center provides the following services:

1. Health advice
2. Basic first-aid supplies and medications (band-aids, painkillers, etc.)
3. Basic checkup for blood pressure, blood sugar level, etc.
4. Beds for rest

※ Location: Room 205, Student Union Building
   Tel: 02-3408-3089
   Hours: 9 AM - 5:30 PM

(http://en.sejong.ac.kr/eng/academics/Facilities.do)

# 11장

# 조별 활동

## 내가 발표를 할게.

**학습 목표**

☆ 표현 : -아/어 주다, -(으)ㄹ게요, 반말

☆ 듣기 : 조별 회의

☆ 발음 : 비음화 1

☆ 세종 Tip : 스터디룸

# 듣기
## Listening

초이    안녕하세요? 장초이라고 해요. 1학년이에요.

윤호    저는 한윤호입니다. 1학년이에요.

나래    저도 1학년이고 이름은 이나래예요. 우리 다 1학년이니까
          말을 놓을까요? 존댓말을 하면 좀 불편해서요.

초이    네, 저도 반말이 좋아요.

윤호    그래! 나도 좋아.

나래    2주 후에 조별 발표를 해야 하니까 먼저 역할 분담을 하고
          발표 주제를 정했으면 좋겠어.

초이    좋아. 나는 발표에 자신이 없어서 발표 자료를 만들고 싶어.

윤호    나도 발표할 때 많이 떨어서...

나래    그럼 내가 발표를 할게. 두 사람이 발표 자료를 만들어 줘.

초이    알았어. 윤호 네가 PPT를 만들어 줘. 내가 자료 조사를 할게.

윤호    내가 PPT를 만들 줄 몰라서... 내가 자료 조사를 할게.

초이    그래? 그럼 내가 PPT를 만들게. 네가 자료 조사를 해 줘.

윤호    고마워.

나래    이제 주제를 정할까?

---

1. 조별 발표를 언제 해요?
2. 나래는 어떤 역할을 맡았어요?
3. 윤호는 어떤 역할을 맡았어요?

# 어휘
## Vocabulary

 **과제**

| | | |
|---|---|---|
| 발표 | 개인 발표 | 조별 발표 |
| 발표 주제 | 발표문 | PPT |
| 토론 | 조 | 조별 활동 |

 **조별 활동**

| 역할 분담 | 자료 조사 | 자료 정리 | 발표문 작성 |
|---|---|---|---|
| PPT 만들기 | 조원 | 자신이 없다 | 떨다 |

 **한국어와 말하기**

| 선배 | 후배 | 존댓말 | 반말 | 말을 놓다 |
|---|---|---|---|---|

## 표현1
### Expression 1

V-아/어 주다

| ㅏ, ㅗ O | 아 주다 | 가 주다, 봐 주다, 찾아 주다 |
|---|---|---|
| ㅏ, ㅗ X | 어 주다 | 먹어 주다, 읽어 주다 |
| 하다 | 여 주다 | 전해 주다, 대답해 주다 |

▶ 가: 수지 씨, 이 케이크를 누가 만들어 줬어요?

　나: 동생이 만들어 줬어요.

▶ 가: 자료 정리는 누가 도와 줄 거예요?

　나: 제이슨 씨가 도와 줄 거예요.

▶ 로라 씨가 노래방에서 러시아 노래를 불러 줬어요.

▶ 저는 보통 주말에 아버지를 도와 드려요.

 보기와 같이 문장을 완성하세요.

보기　　로라 씨는 사진을 잘 <u>찍어 줘요</u>. (찍다)

1) 민서 씨는 항상 친구를 잘 _____. (돕다)

2) 오빠가 가끔 _____. (요리하다)

3) 엄마가 비빔밥을 _____. (만들다)

4) 저는 주말에 아이들에게 한국어를 _____. (가르치다)

5) 룸메이트가 어제 같이 병원에 _____. (가다)

6) 제 이름을 할아버지께서 _____. (짓다)

**2** 보기와 같이 대화를 완성하세요.

┌─────┐
│ 보기 │    가: 더워요? 창문을 <u>열어 줄까요?</u> (열다)
└─────┘    나: 네, 좀 <u>열어 주세요.</u> 고마워요.

1) 가: 한국어 숙제가 어려워요? 제가 _____. (돕다)
   나: 네, 좀 _____. 고마워요.

2) 가: 동우 씨, 혹시 제 지갑 못 봤어요?
   나: 아니요, 제가 같이 _____? (찾다)
   가: 네, 같이 _____. 고마워요.

3) 가: 선생님, 혹시 추우세요? _____. (끄다)
   나: 네, 에어컨 좀 _____. 고마워요.


**3** 옆 사람과 이야기하세요.

제 생일날 엄마가 미역국을 끓여 주셨어요.

제 생일에는 친구가 노래를 불러 줬어요.

| 상황 | 친구 1 | 친구 2 |
|---|---|---|
| 생일 | 엄마, 미역국을 끓여 주다 | 친구, 노래를 불러 주다 |
| 어버이날 | | |
| | | |
| | | |

## 표현 2
### Expression 2

V-(으)ㄹ게요

| 받침 O | 을게요 | 먹을게요, 읽을게요 |
| 받침 X | ㄹ게요 | 올게요, 마실게요 |

▶ 가: 내일 기숙사 청소를 누가 해요?

　나: 제가 할게요.

▶ 가: 진아 씨, 제가 몸이 좀 아파요. 먼저 퇴근할게요.

　나: 네, 조심히 들어가세요. 그리고 푹 쉬세요.

▶ 오늘 저녁에는 제가 치킨을 살게요.

▶ 이번 발표 자료는 제가 만들게요.

 **보기와 같이 대화를 완성하세요.**

보기
　가: 앤지 씨, 오늘 기숙사에 몇 시에 들어와요?
　나: 밤 10시에 <u>들어갈게요</u>. (들어가다)

1) 가: 이번 발표를 누가 할까요?

　나: 제가 _____. (맡다)

2) 가: 나나 씨, 이번 발표 PPT 자료를 저랑 같이 준비할까요?

　나: 좋아요. 그럼, 제가 _____. (자료조사하다)

3) 가: 선배님, 같이 점심 먹을까요?

　나 : 좋아요. 오늘 제가 _____. (사 주다)

4) 가: 지현 씨, 지금 통화 괜찮으세요?

　　나: 미안해요. 제가 이따가 다시 _____. (전화 하다)

**2** 보기와 같이 대화를 완성하세요.

보기
　　가: 앤디 씨, 발표 PPT 제출했어요?

　　나: 아니요, 지금 바로 제출할게요.

1) 가: 내일 학교 앞에서 만나요.

　　나: 좋아요, _____.

2) 가: 이제 술 마시지 마세요.

　　나: 알겠어요, _____.

3) 가: 제가 교수님께 이메일을 보낼까요?

　　나: 아니요, _____.

4) 가: 오늘 저녁은 제가 준비할까요?

　　나: 아니요, _____.

**3** 4인 1조로 조별 발표를 준비해야 합니다. 조원이 어떤 역할을 맡고 싶은지 서로 물어보세요. 그 이유도 이야기하세요.

| 맡고 싶은 역할 | 상황 | 조원 1 | 조원 2 | 조원 3 |
|---|---|---|---|---|
| | | | | |

_____

_____

_____

_____

## 표현 3
Expression 3

반말

| ㅏ, ㅗ O | 아 | 가, 봐, 찾아 |
|---|---|---|
| ㅏ, ㅗ X | 어 | 먹어, 읽어 |
| 하다 | 여 | 운동해, 공부해 |

▶ 가: 인수야, 지금 어디 가?

　나: 나 지금 병원 가.

▶ 가: 준혁아, 이번 주 숙제 다 했어?

　나: 응, 당연하지. 숙제는 목요일에 다 했어.

　　주말에 친구하고 놀 거야!

▶ 가: 민주야, 오늘 저녁에 헬스장에서 운동할 거야?

　나: 아니요, 저는 내일 조별 발표가 있어요.

　　그래서 헬스장에 못 가요.

 보기와 같이 문장을 바꾸세요.

　　　로라 씨는 김밥을 좋아해요. → <u>로라는 김밥을 좋아해.</u>

1) 저는 어제 불고기를 먹었어요. → _____.

2) 준혁 씨, 조금 이따가 전화 주세요. → _____.

3) 서희 씨, 내일 같이 영화 볼까요? → _____.

4) 민규 씨, 이번 주 토요일까지 자료 조사 다 끝낼 수 있어요?

→ _____ .

5) 니디 씨, 내년 여름 방학 때 해외여행 갈까요?

→ _____ .

6) 철명 씨, 건물 앞에서 담배 피우지 마세요.

→ _____ .

**2** **보기와 같이 대화를 완성하세요.**

보기

가: 미셀은 지금 뭐 해?

나: 지금 한국 음식을 만들어.

1) 가: 여보세요. 민혁아, 혹시 김수현 교수님 이메일 주소 _____? (알다)

나: 응, 바로 문자로 _____ .

2) 가: 민서야, 너 고향에 언제 _____? (내려가다)

나: 음... 나는 _____ .

3) 가: 너는 뭘 잘해?

나: _____ .

4) 가: 점심에 뭐 먹었어?

나: _____ .

옆 사람과 이야기하세요.

| 상황 | 토론 내용 |
|---|---|
| 조별 과제/토론 약속 잡기 | 약속 시간, 장소, 준비물 등 |
| 발표 주제 정하기 및 역할 분담하기 | 주제, 역할 분담 등 |

1) _____

_____

_____

2) _____

_____

_____

## 말하기 1
### Speaking 1

옆 사람과 이야기하세요.

**보기**

민영: 서준아, 우리 이번 조별 과제 주제가 <심리학> 맞지?

서준: 응, 맞아. 나는 자료를 조사하려고 해. 민영이 너는?

민영: 나는 발표문 작성을 맡으려고 해.

서준: 근데 PPT 자료는 누가 만들지?

하은: PPT 자료는 내가 만들게.

민규: 그럼 내가 발표를 할게.

발표문하고 PPT 자료는 이번 주 금요일 자정까지 보내 줘.

| 발표 주제: 심리학 | | | |
|---|---|---|---|
| 민영 | 서준 | 하은 | 민규 |
| 발표문 작성 | 자료 조사 | PPT 자료 | 발표 |

| 발표 주제: 환경 보호 | | | |
|---|---|---|---|
| 프엉니 | 민주 | 제시카 | 서현 |
| 자료 조사 | PPT 자료 | 발표 | 발표문 작성 |

| 영화 제작: 해리 포터 | | | |
|---|---|---|---|
| 진혁 | 제니 | 민지 | 수인 |
| 영상 촬영 | 대본 작성 | 영상 편집 | 촬영 소품 준비 |

| 여행 계획: 부산 3박 4일 여행 | | | |
|---|---|---|---|
| 제시카 | 제이슨 | 나나 | 카이 |
| 숙소 예약 | 비행기표 예약 | 맛집 정리 | 일정표 작성 |

두 사람이 '조별 과제 활동'이라는 주제로 대화 만들어 보세요.
반말을 사용해 보세요.

1) 조별 활동 전: 조 만들기
2) 조별 활동 중: 발표 주제, 역할 등 정하기, 발표 내용 토론하기
3) 조별 활동 후: 뒤풀이

---

---

---

---

---

---

---

---

---

※ 대화문을 보지 않고 사람들 앞에서 대화해 보세요.

## 발음
### Pronunciation

 비음화 1

저도 1학년이고 이름은 이나래예요.
[저도 일항년이고 이르믄 이나래예요]

 듣고 따라하세요.

한국말[항궁말]    작년[장년]    국물[궁물]

2 비음화에 주의해서 말하세요.

초이    저는 장초이라고 해요. 1학년이에요.

윤호    저는 윤호입니다. 4학년이에요.

나래    저도 1학년이고 이름은 이나래예요.

윤호    초이 씨는 유학생이에요?

초이    네, 맞아요. 제가 한국말을 잘 못해요. 이해해 주세요.

나래    아니에요. 한국말을 아주 잘 하시네요! 한국에 언제 오셨어요?

초이    작년에 왔어요.

윤호    처음 만났으니까 함께 식사하러 갈까요?

나래    네, 좋아요.

초이    저도 좋아요.

나래    초이 씨, 무슨 음식을 좋아하세요?

초이    저는 국물이 있으면 다 좋아요.

| Location | 1st floor, 4th floor, 7th floor (30 rooms in total) |
|---|---|
| Uses | Class group discussions, preparation for class presentations and university organizations and club gatherings and discussions (not allowed to be used for lectures). |
| Hours | - During semester: 10:00 AM - 9:00 PM<br>- During summer/winter breaks: 10:00 AM - 4:00 PM |
| How to Book | Go to the library website log-in - [Service] - [Studyroom Reservation] |
| Using the Room | - The number of people who will be in the room must meet the minimum requirement.<br>- a half of the maximum capacity of the room.<br>- You can book the room by the hour, up to two hours at a time.<br>- You must vacate the room 10 minutes before the time is up, leaving time for the room to be tidied up.<br>- You are allowed to book a room only once a day.<br>- You can start booking a room two weeks prior to the date of the event. |

(https://library.sejong.ac.kr/en/guide/Static.ax?page=Info07_11)

## 12장

# 비교과 활동

## 좋은 프로그램이 많으니까 너도 신청해서 들어 봐

**학습 목표**

☆ **표현:** -아/어 보다, -(으)ㄴ/는, -(으)ㄴ/는지 알다/모르다

☆ **듣기:** 비교과 프로그램 신청

☆ **발음:** 유음화

☆ **세종 Tip:** 비교과 프로그램

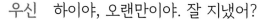

우신   하이야, 오랜만이야. 잘 지냈어?

하이   응, 너도 잘 지내지? 이따가 시간 있으면 볼까?

우신   어쩌지? 이따가 '한국어 글쓰기 전략' 들으러 가야 돼.

하이   그래? 이번 학기에 듣는 교양 수업이야?

우신   아니, 교양 수업은 아니고 비교과 프로그램이야.

하이   나도 듣고 싶어! 같이 가도 돼?

우신   비교과 프로그램은 미리 신청을 해야 들을 수 있어.
       '한국어 글쓰기 전략'은 이미 신청이 마감됐어.

하이   아쉽다. 다른 프로그램도 있어?

우신   응, 있어. 좋은 프로그램이 많으니까 너도 신청해서 들어 봐.
       어떻게 신청하는지 알아?

하이   아니, 어떻게 하는지 몰라.

우신   세종대 '두드림' 홈페이지에 들어가서 신청하면 돼.
       홈페이지 주소를 카톡으로 보내 줄게.

하이   고마워. 들어가 볼게!

---

1. 우신은 왜 시간이 없어요?
2. 하이는 왜 '한국어 글쓰기 특강'을 들을 수 없어요?
3. 비교과 프로그램은 어떻게 신정해요?

## 어휘
### Vocabulary

➕ **강의와 비교과 프로그램**

| 교양 수업 | 두드림 | 비교과 프로그램 |
|---|---|---|

➕ **인터넷 수강 신청**

| www.sejong.ac.kr | (do.sejong.ac.kr Go 키보드) | Apply | 0/30명 |
|---|---|---|---|
| 홈페이지 주소/링크 | 홈페이지에 들어가다 | 수강 신청하다 | 마감되다 |

➕ **형용사**

| 좋다 | 나쁘다 | 넓다 | 좁다 |
|---|---|---|---|
| 두껍다 | 얇다 | 아름답다 | 잘생기다 |

## 표현 1
Expression 1

V-아/어 보다

| ㅏ, ㅗ O | 아 보다 | 가 보다 |
|---|---|---|
| ㅏ, ㅗ X | 어 보다 | 읽어 보다 |
| 하다 | 여 보다 | 구경해 보다 |

▶ 수영을 배워 보세요.

▶ 이 책을 읽어 보세요.

▶ 가: 제주도에 가 봤어요?

　나: 아니요, 아직 못 가 봤어요.

　가: 그럼 한번 가 보세요. 정말 아름다워요.

 **보기와 같이 문장을 완성하세요.**

 　부산 / 가다 → <u>부산에 가 보세요.</u>

1) 불고기 / 먹다 　→ _____.

2) 수영 / 배우다 　→ _____.

3) 한복 / 입다 　→ _____.

4) 김밥 / 만들다 　→ _____.

5) 이 노래 / 듣다 　→ _____.

**보기와 같이 대화를 완성하세요.**

　　　가: 이 옷 어때요?
　　　나: 좋아요. <u>입어 보세요.</u>

1) 가: 이 책 재미있어요?

　나: 네, ＿＿＿＿＿＿＿＿＿＿＿＿＿＿＿＿＿＿＿＿＿＿＿.

2) 가: 그 빵 맛있어요?

　나: 네, ＿＿＿＿＿＿＿＿＿＿＿＿＿＿＿＿＿＿＿＿＿＿＿.

3) 가: 머리가 아파요.

　나: 병원에 ＿＿＿＿＿＿＿＿＿＿＿＿＿＿＿＿＿＿＿＿＿.

4) 가 : 요즘 무슨 노래 자주 들어?

　나: ＿＿＿＿＿＿＿＿＿＿＿＿＿＿＿＿＿＿＿＿＿＿＿＿.

5) 가: 한국에서 뭐 해 봤어?

　나: ＿＿＿＿＿＿＿＿＿＿＿＿＿＿＿＿＿＿＿＿＿＿＿＿.

 **보기와 같이 대화하세요.**

**보기**
　　　가: 비교과 수강 신청해 봤어요?
　　　나: 네, 해 봤어요.
　　　가: 어떻게 해요? 좀 가르쳐 주세요.
　　　나: 두드림 홈페이지에 들어가 보세요. 링크를 보내 줄게요.
　　　가: 네. 고마워요.

| 질문 | 친구 1 | 친구 2 |
|---|---|---|
| 1) 비교과 수강신청 | ○ | × |
| 2) 학교 축제 | | |
| 3) 교수님 면담 | | |
| 4) 제주도 여행 | | |

# 표현 2
## Expression 2

### V-는

| 받침 O X | 는 | 듣는, 가는 |
|---|---|---|

▶ 지금 듣는 노래는 한국 노래예요.

▶ 제가 자주 가는 식당은 한국 식당이에요.

▶ 가: 지금 읽는 책은 뭐예요?

　나: 한국어 책이에요.

### A-(으)ㄴ

| 받침 O | 은 | 좋은 |
|---|---|---|
| 받침 X | ㄴ | 바쁜 |

▶ 두드림에 좋은 프로그램이 많아요.

▶ 작은 가방을 사고 싶어요.

▶ 가: 어떤 음식을 못 먹어요?

　나: 매운 음식을 못 먹어요.

**1** 보기와 같이 바꿔 보세요.

> **보기**　　식당이 넓어요. → <u>넓은 식당이에요.</u>

1) 시험이 쉬워요.　　　→ _____.

2) 수업이 재미있어요.　→ _____.

3) 프로그램이 좋아요.　→ _____.

4) 캠퍼스가 예뻐요.　　→ _____.

5) 강의실이 작아요.　　→ _____.


**2** 보기에서 알맞은 것을 골라 문장을 완성하세요.

> **보기**　　가다　　먹다　　읽다　　재미있다　　높다　　두껍다

1) 도서관에 _____책이 많아요. _____보세요.

2) 요즘 자주 _____음식은 김치찌개예요. 먹어 봤어요?

3) 한라산은 한국에서 가장 _____산이에요. _____보세요.

4) 오늘은 날씨가 추워요. _____옷을 입으세요.

**보기와 같이 만들어 보세요.**

 한국어를 배워요. 학생들이 많아요.

→ <u>한국어를 배우는 학생들이 많아요.</u>

1) 7시에 출발해요. 기차를 기다려요.

→ _____.

2) 지금 읽어요. 책이 재미있어요.

→ _____.

3) 공항으로 가요. 버스를 어디에서 타요?

→ _____.

4) 커피를 마셔요. 그 사람은 우진 씨예요

→ _____.

 **옆 사람과 이야기하세요.**

어떤 옷을 자주 입어요?
어떤 영화를 좋아해요?
어떤 집에서 살고 싶어요?

| 이름 | 친구 1 | 친구 2 |
|---|---|---|
| 옷 | 편한 티셔츠 | |
| 영화 | | |
| 집 | | |
| | | |

## 표현3
### Expression 3

V-는지 알다/모르다

| 받침 O X | 는지 알다 / 모르다 | 먹는지 알아요, 가는지 몰라요 |
|---|---|---|

▷ 기차가 몇 시에 도착하는지 아세요?

▷ 하이 씨가 어디에 갔는지 알아요?

▷ 가: 수강 신청 어떻게 하는지 알아요?

　나: 아니요, 몰라요.

A-(으)ㄴ지 알다/모르다

| 받침 O | 은지 알다/모르다 | 많은지 알아요 |
|---|---|---|
| 받침 X | ㄴ지 알다/모르다 | 큰지 몰라요 |

▷ 오늘 학교에 사람들이 왜 많은지 아세요?

▷ 우리 반에서 누가 가장 키가 큰지 아세요?

▷ 가: 옷이 어디가 싼지 알아요?

　나: 동대문 시장이 싸요.

 보기와 같이 문장을 완성하세요.

하이 씨가 어디에 가요?

　→ 하이 씨가 어디에 가는지 알아요?

1) 이 글자를 어떻게 읽어요? → _____?

2) 우체국이 어디에 있어요? → _____?

3) 김밥을 어떻게 만들어요? → _____?

4) 오늘 학교에 사람이 왜 많아요? → _____?

5) 어느 시장이 옷이 제일 싸요? → _____?

6) 학과 사무실이 어디예요? → _____?

7) 수혁 씨 생일이 언제예요? → _____?

## 2 ▶ 대화를 완성하세요.

**보기**
가: 서점이 어디에 있는지 아세요?
나: 네, 알아요. 군자관 1층에 있어요.

1) 가: 토픽수업을 어떻게 _____?

   나: 아니요, 저도 잘 몰라요.

2) 가: 학교 축제가 언제 _____?

   나: 네, 다음 주 화요일에 시작해요.

3) 가: 미정 씨가 어제 어디에 _____?

   나: 네, 알아요. 어제 친구하고 극장에 갔어요.

4) 가: 김밥을 만들 줄 아세요?

   나: 아니요, 저도 어떻게 _____.

5) 가: 하이 씨가 왜 기분이 나빠?

   나: 글쎄. 나도 하이 씨가 왜 _____.

6) 가: 교통카드는 어디에서 팔아?

   나: _____.

7) 가: 이 책이 _____?

   나: _____.

8) 가: 사고와 표현 강의실이 _____?

   나: 응, 세종관 201호야.


▶3 **보기와 같이 대화를 만들어 보세요.**

가: '비교과 프로그램' 수강 신청했어요?

나: 아니요, 아직 못 했어요. 어떻게 하는지 아세요?

가: 네, 알아요. 제가 가르쳐 드릴게요.

나: 고마워요.


1) 가: 방학에 경주에 가고 싶어요. _____?

   나: 네, 알아요. 기차를 타고 가세요.

      수서역에서 기차를 타고 _____.


2) 가: 옷을 사고 싶어요. _____?

   나: 네, 알아요. _____가 보세요.

      예쁘고 싼 옷이 많아요.


3) 가: 우리 학교 축제 때 연예인이 온대.

   나: 그래? _____?

   가. 응, 알아. 가수 싸이가 온대

   나: 그래? 보러 가야겠다. 근데 공연을 _____?

   가: 응, 학생회관 옆 잔디밭에서 해.

다음 문법을 사용해서 대화를 만들어 보세요.

---

1) V-는지 알다/모르다

2) A-(으)ㄴ지 알다/모르다

3) V-아/어 보다

---

**보기**

가: 우리 학교 근처에 맛있는 식당이 어디인지 아세요?

나: 네, 알아요. 서울식당이에요. 어디에 있는지 아세요?

가: 아니요. 몰라요.

나: 학교 정문에서 오른쪽으로 가세요. 100미터쯤 가면 있어요.

가: 네, 고마워요. 내일 점심때 가 봐야겠어요.

---

_____

_____

_____

_____

※ 대화문을 보지 않고 사람들 앞에서 대화해 보세요.

# 말하기 2
## Speaking 2

**다음의 질문을 묻고 대답하세요.**

| 질문 | 친구 1 | 친구 2 |
|---|---|---|
| 1) 우리 학교 근처 맛있는 식당 | 서울 식당 | |
| 2) 우리 학교 근처 분위기 좋은 커피숍 | | |
| 3) 서울에서 제일 큰 시장 | | |
| 4) 한국에서 꼭 가봐야 하는 여행지 | | |
| 5) 한국 사람이 제일 많이 하는 말 | | |

**위의 내용을 발표해 보세요.**

 우리 학교 근처 '서울 식당'에서 파는 비빔밥이 맛있습니다.
분위기 좋은 커피숍은 '하나 커피숍'입니다.
서울에서 제일 큰 시장은 '동대문 시장'입니다.
그리고 한국에서 꼭 가 봐야 할 곳은 경주입니다.
한국 사람이 제일 많이 하는 말은 '빨리 빨리'입니다.

## 발음
### Pronunciation

 **유음화**

> '한국어 글쓰기 전략' 들으러 가야 돼
> ['항구거 글쓰기 절략' 드르러 가야 돼]

 **듣고 따라하세요.**

| | | |
|---|---|---|
| 온라인[올라인] | 곤란하다[골란하다] | 간략하다[갈랴카다] |
| * 온라인[온나인] | | |

 **유음화에 주의해서 말하세요.**

하이  우신아, 오랜만이야. 이번 주말에 뭐 해?

우신  '한국어 글쓰기 전략' 수업 들으러 가야 돼.

하이  '글쓰기 전략'? 이번 학기에 듣는 교양 수업이야?

우신  아니, 비교과 프로그램이야.

하이  나도 같이 가도 돼?

우신  미안하지만 곤란해. 온라인으로 신청해야 들을 수 있어.

하이  그렇구나. 아쉽다.

우신  '두드림'에 들어가 봐. 홈페이지에 간략한 설명이 있어.

하이  고마워. 들어가 볼게!

Extracurricular programs are programs for various extracurricular activities, obtaining certificates, improving language skills, and participating in projects. You can check and apply for various extracurricular programs on the homepage 'Do Dream'.

(https://do.sejong.ac.kr/)

## 13장

# 시험 결과

제가 공부한 것은 시험에 안 나오고
공부 안 한 것만 나왔어요.

<table>
<tr><td rowspan="4">학습<br>목표</td><td>☆ 표현: -(으)ㄴ, -(으)ㄹ, -잖아요</td></tr>
<tr><td>☆ 듣기: 시험 결과 확인</td></tr>
<tr><td>☆ 발음: 비음화 2</td></tr>
<tr><td>☆ 세종 Tip: 부정행위</td></tr>
</table>

## 듣기
### Listening

**미나** 교수님, 제가 본 '심리학개론' 중간고사 시험지를 좀
　　　확인할 수 있을까요?

**교수** 왜요? 성적이 이상해요?

**미나** 점수가 낮아서요.

**교수** 그래요. 이따 수업 끝나고 제 연구실로 같이 가요.

**미나** 네, 감사합니다.

**교수** 그런데 이번 시험이 좀 어려웠어요? 대부분 점수가 낮아요.

**미나** 네, 어려운 문제가 많았어요. 그리고 제가 공부한 것은 시험에
　　　안 나오고 공부 안 한 것만 나왔어요.

**교수** 시험에 나올 부분을 미리 이야기해 줬잖아요.

**미나** 말씀하신 부분이 너무 많아서 다 공부할 수가 없었어요.

**교수** 그래요? 그래도 앞으로 배울 내용은 별로 어렵지 않아요.

**미나** 교수님, 학기 초에도 그렇게 말씀하셨잖아요.

**교수** 제가 그랬어요?

**미나** 네.

---

1. 미나는 왜 중간고사 시험지를 확인하려고 해요?
2. 미나는 중간고사 시험지를 언제 확인할 수 있어요?
3. 미나는 중간고사가 왜 어려웠어요?

# 어휘
Vocabulary

 ## 시험

| 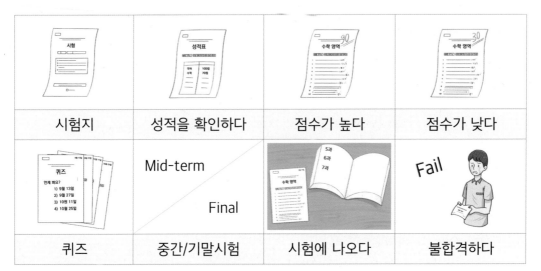 | | | |
|---|---|---|---|
| 시험지 | 성적을 확인하다 | 점수가 높다 | 점수가 낮다 |
| 퀴즈 | 중간/기말시험 | 시험에 나오다 | 불합격하다 |

 ## 수업

| 교양 수업 | 전공 수업 | 개론 수업 | 용어 |
|---|---|---|---|

 ## 동사

| 고르다 | 닫다 | 답장하다 |
|---|---|---|
| 밤새우다 | 빌리다 | 설명하다 |
| 소개하다 | 이해하다 | 축하하다 |

## 표현 1
### Expression 1

V-(으)ㄴ

| 받침 O | 은 | 먹은 N |
|---|---|---|
| 받침 X | ㄴ | 본 N |

▶ 제가 받은 점수는 A+예요.

▶ 이번에 본 시험은 어려웠어요.

▶ 어제 먹은 음식이 정말 맛있었어요.

▶ 내가 이야기한 것은 아무에게도 말하지 마세요.

 보기와 같이 맞는 것에 ◯ 하세요.

   지난 시험에서 제가 ( 받는 /(받은)) 점수는 A+예요.

1) 어제 내가 ( 소개하는 / 소개한 ) 친구는 우리 과 동기야.

2) 방금 전에 ( 설명하시는 / 설명하신 ) 내용을 이해하지 못했습니다.

3) 교수님께 ( 받는 / 받은 ) 메일에 무슨 내용이 있었어?

4) 시험을 보기 전에 ( 먹는 / 먹은 ) 미역국 때문에 불합격한 것 같아요.

5) 늘 시험에 ( 나오는 / 나온 ) 부분은 내가 공부하지 ( 않는 / 않은 ) 거예요.

보기와 같이 문장을 완성하세요.

 이번에 시험을 봤어요. 그 시험이 어려웠어요.

→ 이번에 본 시험이 어려웠어요.

1) 지금까지 책을 읽다. 그 책은 모두 몇 권입니까?

→ _____ .

2) 지금까지 설명했습니다. 이 내용은 모두 중간시험 범위입니다.

→ _____ .

3) 교수님께 메일을 받았어요. 이 메일에 어떻게 답장하지요?

→ _____ .

4) 지금까지 이것을 열심히 공부했어요. 이것은 시험에 나오지 않았어요.

→ _____ .

 시험이 어땠어요? 옆 사람과 이야기하세요.

이번에 시험은
어땠어요?

이번에 본 시험은
어렵지 않았어요.

| 질문 | 친구 1 | 친구 2 |
|---|---|---|
| 이번 시험은 어땠어요? | | |
| 공부한 것이 나왔어요? | | |
| 몇 점을 받았어요? | | |

## 표현 2
### Expression 2

V-(으)ㄹ

| 받침 O | 을 | 먹을 N |
|--------|-----|--------|
| 받침 X | ㄹ | 볼 N |

▸ 점심에 먹을 메뉴를 정했어요?

▸ 내일 볼 시험이 걱정돼요.

▸ 방학 때 뭐 할 계획이에요?

 보기와 같이 맞는 것에 ◯ 하세요.

  지난 시험에서 제가 ( 받은 / 받는 / 받을 ) 점수는 A+예요.

1) 가: 무슨 생각을 하고 있어요?

　나: 시험이 끝나면 ( 한 / 하는 / 할 ) 일을 생각하는 중이에요.

2) 가: 어디를 그렇게 급하게 가요?

　나: 책을 빌려야 해서요. 곧 도서관이 문을 ( 닫은 / 닫는 / 닫을 ) 시간이

　　어서 빨리 가야 해요.

3) 가: 어제 같이 ( 공부한 / 공부하는 / 공부할 ) 친구들은 어땠어요?

　나: 다 좋았어요. 같이 공부하니까 혼자하는 것보다 좋아요.

4) 가: 저는 못 ( 먹은 / 먹는 / 먹을 ) 음식이 없어요. 다 잘 먹어요.

　나: 그래도 매운 음식까지 ( 먹은 / 먹는 / 먹을 ) 생각은 하지 마세요.

**2**  보기와 같이 대화를 완성하세요.

**보기**  가: 무슨 고민이 있어요?
나: 네, 내일 볼 시험이 걱정돼요.

1) 가: 왜 시끄러운 카페에서 공부하고 있어요?

   나: 시험 기간이라서 도서관에 _____ 자리가 없어요.

2) 가: 아직도 도서관에 있어? 뭐 좀 사 갈까?

   나: 밤을 새워야 하니까 새벽에 _____ 에너지 드링크 좀 사 와.

3) 가: 이번 주말에 뭐 해? 같이 놀까?

   나: 안 돼. 요즘에 너무 바빠서 잠을 _____ 시간도 없어.

4) 가: 교수님, 시험은 모두 객관식입니까?

   나: 맞아요. 시험에 대해 더 _____ 것이 있으면 물어 보세요.


**3**  글을 완성하세요.

미나 씨는 기말시험을 어떻게 준비해요?

곧 기말시험이 있어요. 하지만 기말시험보다 다음 주에 __볼__ 퀴즈가 더 걱정이에요. 아르바이트 때문에 _____ 시간이 없어서 준비를 못 했어요. 이번 주말에 아르바이트를 쉬고 친구들과 스터디를 하려고 해요. 요즘에 바빠서 친구들을 _____ 시간이 없었어요. 그래서 함께 공부할 수 있어서 기뻐요. 공부하면서 _____ 간식과 같이 _____ 음료수도 준비하려고 해요. 그리고 공부하면서 _____ 조용한 노래도 미리 골라야겠어요.

## 표현 3
Expression 3

V/A-잖아요

| 받침 OX | 잖아요 | 먹잖아요, 싸잖아요 |
|---------|--------|------------------|

▶ 가: 제주도에 한 번도 가 본 적이 없어서 걱정이에요.

　나: 걱정마세요. 제가 같이 가잖아요.

▶ 가: 제 시험 점수가 너무 낮아요.

　나: 이번 시험이 어려웠잖아요.

 **보기와 같이 대화를 완성하세요.**

　가: 요즘에 동아리방에 왜 안 나와요?
　나: 시험 기간이잖아요. (시험 기간이다)

1) 가: 어제 왜 전화를 안 받았어요? _____. (걱정하다)

　나: 미안해요. 휴대폰이 무음이어서 몰랐어요.

2) 가: 미나 씨, 무슨 과라고 했어요?

　나: 세 번이나 _____. (말해 주다) 저 컴퓨터공학과예요.

3) 가: 오늘은 왜 수업이 없어요?

　나: 오늘은 공휴일이어서 _____. (휴강이다)

4) 가: 지난 주부터 은희 씨가 수업에 안 나와요. 이유를 알아요?

　나: 은희 씨가 요즘 좀 _____. (아프다) 그래서 병원에 있어요.

보기와 같이 대화를 완성하세요.

**보기**

가: 무슨 일이 있어요? 피곤해 보여요.

나: <u>주말에 아르바이트를 하잖아요.</u> 그래서 월요일이 가장 피곤해요.

1) 가: 처음 본 옷이에요. 새로 산 옷이에요?

  나: 아니에요. _____.

2) 가: 여보세요. 민수 씨, 지금 어디예요?

  나: 지금 집에 있어요.

  가: 뭐라고요? _____.

3) 가: 마이클 씨, 오늘 생일이지요? 축하해요. 자, 선물이에요.

  나: 정말 고마워요. 그런데 어떻게 알았어요??

  가: _____.

4) 가: 오늘 도서관에 사람이 왜 이렇게 많아?

  나: _____.

 옆 사람과 이야기하세요.

이 수업을 왜 들어요?

교양필수 수업이잖아요.

| 질문 | 친구 1 | 친구 2 |
|---|---|---|
| 이 수업을 왜 들어요? <br> 왜 그 전공을 선택했어요? <br> 공부를 왜 열심히 해요? | | |

# 말하기 1
## Speaking 1

**옆 사람과 이야기하세요.**

**보기**

가: 미나 씨는 무슨 수업이 가장 어려워요?

나: 저는 전공 수업이 가장 어려워요. 특히 개론 수업이 어려워요.

가: 그래요? 왜요?

나: 어려운 용어가 많잖아요. 그리고 퀴즈도 많이 봐요.

　　이번에 본 퀴즈는 문제가 많아서 힘들었어요.

가: 가장 좋은 수업은 뭐예요?

나: 제가 듣는 수업 중에서 가장 좋은 수업은 사고와 표현이에요.

가: 왜요?

나: 한국어가 재미있잖아요.

---

전공 수업 / 개론 수업
어려운 용어가 많다 / 퀴즈를 많이 보다
문제가 많아서 힘들다
사고와표현
한국어가 재미있다

---

교양 수업 / 경제 수업
모르는 이론이 많다 / 과제도 많다
자료를 조사해야 해서 어렵다
_____
_____

---

?

---

## 말하기 2
Speaking 2

두 사람이 함께 대화문을 만들어 보세요.
아래의 표현을 반드시 한 번 이상 사용해야 해요.

1) V-(으)ㄴ
2) V/A-(으)ㄹ
3) V/A-잖아요

_____

_____

_____

_____

_____

_____

_____

※ 대화문을 보지 않고 사람들 앞에서 대화해 보세요.

**발음**
Pronunciation

 **비음화 ㄹ**

> '심리학개론' 시험지를 확인하고 싶어요.
> ['심니하깨론' 시험지를 화긴하고 시퍼요]

 듣고 따라하세요.

| |
| --- |
| 음료수[음뇨수]　　종류[종뉴]　　종료하다[종뇨하다] |

2️⃣ 비음화에 주의해서 말하세요.

미나　교수님, 안녕하세요. 시간을 내어 주셔서 감사합니다.

교수　아니에요. 자, 여기 음료수예요. 좀 마셔요.

미나　감사합니다. 잘 마시겠습니다.

교수　그런데 왜 면담을 신청했어요?

미나　제가 본 '심리학개론' 시험지를 좀 확인할 수 있을까요?

교수　왜요? 성적이 이상해요?

미나　시험을 종료하고 나서 궁금한 문제가 있어서요.

교수　몇 번 문제예요?

미나　심리학의 종류를 묻는 문제였어요.

교수　알겠어요. 잠깐만 기다리세요.

미나　네, 감사합니다.

세종 **Tip** | 부정행위
Cheating during the exams

## Types of cheating during exams

1) The act of carrying and writing down or attaching past problem solving in an open note test.
2) The act of writing down and reading the answer sheet on a desk or wall before the start of the test.
3) The act of looking at belongings such as reference books, notes, cheat papers, etc.
4) The act of taking an exam on behalf of another person.
5) The act of sending a response via text message to a mobile phone.
6) The act of relaying an answer with a camera phone.

## Rules related to cheating during the exam

Enforcement Rules of School Regulations Article 3 (Academic Warning) ③Those who cheat during the exam will be given an academic warning, and the grade in the relevant course will be treated as F. However, if a student cheats again while attending school, he or she will be expelled.

## 14장

# 축제 준비

축제 때 호텔관광학과에서 카지노를 한대요.

학습
목표

☆ 표현: -(으)ㅂ시다, 간접화법, -(으)ㄹ까 하다

☆ 듣기: 축제 준비

☆ 발음: 'ㅢ' 발음 2

☆ 세종 Tip: 축제 패션쇼

## 듣기
### Listening

르엉  희수 씨, 그 얘기 들었어요?

희수  무슨 얘기요?

르엉  이번 축제 때 호텔관광학과에서 카지노를 한대요.

희수  멋져요! 르엉 씨 과에서는 뭘 할 거예요?

르엉  우리 과는 올해도 패션쇼를 할까 해요.

희수  그래요? 작년 축제 때 패션쇼를 봤어요. 정말 멋졌어요.

르엉  네, 작년에 우리 학과에서 한 패션쇼가 인기가 많았잖아요. 그래서 많은 학우들이 이번에도 패션쇼를 해 달래요. 희수 씨 과에서는 뭘 하려고 해요?

희수  학우들의 의견이 다 달라서 아직 못 정했어요. 몇몇은 주점을 하자요. 그런데 또 몇몇은 주점을 왜 하내요. 그래서 회의를 더 해 봐야 돼요.

르엉  원래 의논이 제일 어렵잖아요.

희수  맞아요. 결정이 되면 알려 줄게요.

르엉  꼭 알려 주세요.

희수  네, 그럼 우리 멋진 축제를 준비해 봅시다!

---

1. 호텔관광학과는 이번 축제 때 무엇을 한대요?
2. 르엉 씨 학과에서는 이번 축제 때 무엇을 한대요?
3. 희수 씨 학과는 왜 의논을 더 해 봐야 한대요?

### ➕ 축제 행사

| | | |
|---|---|---|
| 호텔관광경영 - 카지노 | 패션디자인 - 패션쇼 | 주점 |
| 전시회 | 아이돌 공연 | |

### ➕ 의논

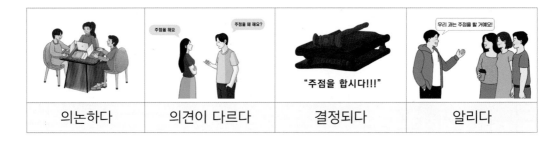

| | | | |
|---|---|---|---|
| 의논하다 | 의견이 다르다 | 결정되다 | 알리다 |

### ➕ 시간

| 작년 | 올해 | 내년 |
|---|---|---|

## 표현 1
### Expression 1

V/A-(으)ㅂ시다

| 받침 O | 읍시다 | 먹읍시다 |
| --- | --- | --- |
| 받침 X | ㅂ시다 | 갑시다 |

▶ 주점에서 같이 밥을 먹읍시다.

▶ 같이 공원을 산책합시다.

▶ 함께 공연을 보러 갑시다.

 보기와 같이 대화를 완성하세요.

**보기**
가: 주말에 같이 영화를 볼까요?
나: 네, 좋아요. <u>같이 봅시다.</u>

1) 가: 이따가 주점에서 만날까요?

　나: 좋아요. _____.

2) 가: 제가 몸이 좀 안 좋아서 오늘 쉬어야겠어요.

　나: 괜찮아요? 그럼 _____.

3) 가: 내일 축제 공연에 아이돌이 와요!

　나: 와, 정말요? 우리 내일 같이 _____.

4) 가: 주말에 같이 _____.

　나: 죄송하지만 주말에 선약이 있어요.

**2** 보기와 같이 대화를 완성하세요.

가: 같이 <u>도서관에서 스터디합시다.</u>

나: 네, 좋아요. <u>저녁에 도서관에서 봅시다.</u>

1) 가: 이 음악 같이 들을까요?

   나: 네, 좋아요. _____.

2) 가: _____.

   나: 네, 좋아요. _____.

3) 가: _____.

   나: 미안해요. 오늘은 좀 피곤해요.

4) 가: _____.

   나: _____.

**3** 옆 사람과 함께 할 일을 이야기하세요.

같이 영화를 봅시다.
공포 영화를 봅시다.

좋아요. 무슨 영화를 볼까요?
저는 공포 영화는 싫어요.

| 질문 | | 친구 1 | 친구 2 |
|---|---|---|---|
| _____ | | | |
| _____ | | | |
| _____ | | | |
| _____ | | | |

# 표현 2
## Expression 2

### 간접화법

| | | | | |
|---|---|---|---|---|
| 평서문 | V | 받침 O | 는대요 | 먹는대요 |
| | | 받침 X | ㄴ대요 | 간대요 |
| | A | 받침 O X | 대요 | 멋지대요 |
| 의문문 | V/A | 받침 O | 느냐요 | 먹느냐요 |
| | | 받침 X | 냐요 | 가냐요 |
| 명령문 | V | 받침 O | 으래요 | 먹으래요 |
| | | 받침 X | 래요 | 말하래요 |
| 청유문 | V | 받침 O X | 재요 | 공부하재요 |

▶ 미나 씨를 매운 음식을 잘 먹는대요.

▶ 세종대학교 축제가 멋지대요.

▶ 언제 축제를 보러 가냐요.

▶ 도서관에서는 조용히 말하래요.

▶ 친구가 내일부터 같이 공부하재요.

 보기와 같이 간접화법으로 바꿔 쓰세요.

    유미 : 오늘 날씨가 좋아요.

　　　 → 유미 씨가 오늘 날씨가 좋대요.

1) 마이클: 내일 아침 아홉 시까지 오세요.

→ _____ .

2) 프엉: 오늘 저녁에 주점에서 같이 식사합시다.

→ _____.

3) 소냐: 이번 주에 계획이 있어요?

→ _____.

4) 루카스: 다음 주에 세종대학교에서 축제를 해요.

→ _____.

5) 도현: 공연이 끝나면 민우한테 꼭 전화하세요.

→ _____.


**2** **보기와 같이 간접화법으로 바꿔 쓰세요.**

**보기**
유미: 민수가 요즘 많이 바빠요. 루위 씨가 민수를 좀 도와 주세요.
→ 민수가 요즘 많이 바쁘대요. 루위 씨가 민수를 좀 도와 주래요.

1) 마이클: 내일 르엉 씨의 패션쇼를 해요. 르엉 씨를 축하해 주세요.

→ _____.


2) 르엉: 우리 언제 만나요? 날짜를 정하면 말해 주세요.

→ _____.


3) 소냐: 루카스 씨가 축제 사진을 찍고 싶어 해요. 같이 사진을 찍어 주세요.

→ _____.


4) 루카스: 공연을 할 때 사람들이 많으니까 질서를 지켜 주세요.

→ _____.

**3** 옆 사람들과 이야기하세요. 서로의 이야기를 전해 주세요.

안녕하세요. 저는 김민수예요.
저는 경영학을 전공해요.
무슨 전공이에요? 몇 학년이에요?
학교 축제를 본 적이 있어요?
저는 다른 학교 축제에 가 봤어요.
다음에 같이 갑시다.

저 분은 김민수래요.
김민수 씨는 경영학을 전공한대요.
미나 씨는 무슨 전공이내요.
그리고 몇 학년이내요.
학교 축제를 본 적이 있내요.
민수 씨는 다른 학교 축제에 가 봤대요.
다음에 같이 가재요.

| 김민수 | 미나 |
|---|---|
| 경영학을 전공해요. | |
| 무슨 전공이에요? 몇 학년이에요? | |
| 학교 축제를 본 적이 있어요? | |
| 다른 학교 축제에 가 봤어요. | |
| 다음에 같이 갑시다. | |

| | |
|---|---|
| | |
| | |
| | |
| | |

## 표현3
### Expression 3

V-(으)ㄹ까 하다

| 받침 O | 을까 하다 | 먹을까 해요 |
| --- | --- | --- |
| 받침 X | ㄹ까 하다 | 갈까 해요 |

▶ 학교식당에서 점심을 먹을까 해요.

▶ 주말에 건대입구에 갈까 해요.

▶ 이제부터 클래식 음악을 들을까 해요.

▶ 이번 방학에는 여행을 할까 해요.

 보기와 같이 대화를 완성하세요.

 가: 점심을 어디에서 먹을 거예요?

나: 오늘은 학교 식당에서 먹을까 해요.

1) 가: 집에 가세요?

　나: 네, 오늘은 피곤해서 _____.

2) 가: 이번 방학에는 뭘 할 거예요?

　나: 지난 방학에는 한국에 있었지만 _____.

3) 가: 오늘 비가 많이 온대요. 우산이 있어요?

　나: 없어요. 그래서 _____.

4) 가: 저녁에 뭐 먹을 생각이에요?

　나: 오늘 저녁에는 _____.

**2** 보기와 같이 대화를 완성하세요.

> **보기**
>
> 가: <u>내일은 집에서 쉴까 해요.</u>
>
> 나: 잘 생각했어요. 푹 쉬세요.

1) 가: _____.

　나: 네, 짧은 낮잠은 건강에 좋대요.

2) 가: 어서오세요. 손님, 뭐 찾으시는 것 있으세요?

　나: _____.

3) 가: 출입국 관리사무소까지는 어떻게 가실 거예요?

　나: _____.

4) 가: _____.

　나: _____.

**3** 옆 사람과 계획을 이야기하세요.

수업 후에 뭐 할 거예요?
왜 도서관에 가요?

도서관에 갈까 해요.
네, 책을 좀 빌릴까 해서요.

| 계획 | | |
|---|---|---|
| 수업 후 | | |
| 이번 주말 | | |
| 이번 방학 | | |
| 졸업 후 | | |

**옆 사람과 이야기하세요. 그리고 다른 사람에게 전해 주세요.**

보기

민수: 미나 씨는 수업 후에 뭘 할 거예요?

미나: 도서관에 갈까 해요.

민수: 왜 도서관에 가요?

미나: 읽고 싶은 책이 있어서 책을 좀 빌릴까 해요.

가: 민수 씨가 수업 후에 뭘 할 거냬요.

나: 미나 씨는 수업 후에 도서관에 갈까 한대요.

가: 민수 씨가 왜 도서관에 가냬요.

나: 미나 씨는 읽고 싶은 책이 있어서 책을 좀 빌릴까 한대요.

| 민수 | 미나 |
|---|---|
| 수업 후에 뭘 할 거예요? | 도서관에 갈까 해요. |
| 왜 도서관에 가요? | 읽고 싶은 책이 있어서 책을 빌릴까 해요. |

| | |
|---|---|
| | |
| | |
| | |
| | |

|  |  |
|  |  |
|  |  |
|  |  |
|  |  |

## 말하기 2
### Speaking 2

두 사람이 함께 대화문을 만들어 보세요.
아래의 표현을 반드시 한 번 이상 사용해야 해요.

> 1) V-(으)ㅂ시다
> 2) 간접화법
> 3) V-(으)ㄹ까 하다

_____

_____

_____

_____

_____

_____

_____

※ 대화문을 보지 않고 사람들 앞에서 대화해 보세요.

## 발음
### Pronunciation

 '긔' 발음 2

> 의견이 달라서 회의를 해 봐야 돼요.
> [의겨니 달라서 회이를 해 봐야 돼요]

 듣고 따라하세요.

| | | |
|---|---|---|
| 의사[의사] | 의자[의자] | 의견[의미] |
| 회수[히수] | 무늬[무니] | 띄어쓰기[띠어쓰기] |
| 주의[주이] | 강의[강이] | 회의[회이] |

**2** '긔' 발음에 주의해서 말하세요.

르엉　희수 씨, 이번 축제 때 뭘 하려고 해요?

희수　학우들의 의견이 달라서 회의를 해 봐야 돼요.

르엉　의논이 제일 어려워요.

희수　맞아요. 의논을 잘 못하면 싸울 수도 있어요. 주의해야 돼요.

르엉　네, 그런데 축제 때도 강의가 있어요?

희수　교수님마다 달라요. 이번 축제 때는 강의가 없었으면 좋겠어요.

르엉　그래요? 저는 강의를 듣고 싶어요.

희수　정말요? 왜요?

르엉　요즘에 한국어 수업에서 띄어쓰기를 배우고 있어요.
　　　제가 잘 모르는 내용이라서 계속 들었으면 좋겠어요.

희수　그렇군요!

Sejong University's Department of Fashion Design held a 'BIRTH' fashion show at the back of the Daeyang AI Center from 7:30 pm on the 17th (Wednesday). This fashion show, which was held to commemorate 'Happy Sejong Day', the Daedong festival of Sejong University held for the first time in 4 years, was held under three themes: ▲Birth of: Mythology ▲Birth of: Fairytale ▲Birth of: Space.

# 15장

# 과제 제출

## 시간이 많이 남아서 계속 미루다가 과제를 아예 잊어버렸어.

**학습 목표**

☆ **표현:** -느라고, -다가, -(으)ㄹ 뻔하다

☆ **듣기:** 과제 제출

☆ **발음:** 의문문 억양 1

☆ **세종 Tip:** 학생생활상담소

찬희  리사야, 어디 가?

리사  집에 가.

찬희  너 많이 피곤해 보여.

리사  응, 과제를 하느라고 잠을 한숨도 못 잤어.

찬희  아, '사고와 표현' 과제 제출이 오늘까지였지? 너 지난주에 과제를
      한다고 했잖아.

리사  맞아. 지난주에 과제를 하려고 했어. 그런데 시간이 많이 남아서 계속
      미루다가 과제를 아예 잊어버렸어.

찬희  그런데 어떻게 생각이 났어?

리사  어젯밤에 아지즈랑 카톡을 하다가 갑자기 생각이 났어. 아지즈도
      '사고와 표현' 수업을 듣잖아. 그래서 급하게 과제를 하느라고 잠도
      못 잤어. 하마터면 과제를 제출하지 못할 뻔했어.

찬희  그래도 과제를 제출했으니까 다행이야.

리사  응, 바로 집에 가서 자야겠어.

찬희  그래, 집에 가서 얼른 자.

---

1. 리사는 왜 피곤해 보여요?
2. 리사는 왜 과제를 잊어버렸어요?
3. 리사는 어젯밤에 왜 과제 생각이 났어요?

## 어휘
### Vocabulary

### ➕ 강의와 비교과 프로그램

| 과제를 하다 | 과제를 제출하다 | 과제를 미루다 | 과제를 잊어버리다 |
|---|---|---|---|
| 생각이 나다 | ID/비밀번호가 틀리다 | 당황하다 | 한숨도 못 자다 |

### ➕ 인터넷 신청

| 접속하다 | 로그인 | 접수하다 | 기한 |
|---|---|---|---|

# 표현 1
## Expression 1

| V-느라고 | | |
|---|---|---|
| 받침 OX | 느라고 | 먹느라고, 보느라고 |

- ▶ 공부를 하느라고 운동을 못 했어요.

- ▶ 컴퓨터를 고치느라고 숙제를 다 못했어요.

- ▶ 아침밥을 먹느라고 버스를 놓쳤어요.

**1** 보기와 같이 문장을 완성하세요.

숙제를 하다. 점심을 못 먹다.

→ 숙제를 하느라고 점심을 못 먹었어요.

1) 전화를 받다. 집에서 늦게 나가다.

→ _____ .

2) 조별 과제를 준비하다. 연휴에 고향에 못 가다.

→ _____ .

3) 게임을 하다. 과제를 기한 내에 제출하지 못했다.

→ _____ .

4) 좋아하는 가수의 콘서트 티켓을 사다. 이번 달 용돈이 부족하다.

→ _____ .

**보기와 같이 대화를 완성하세요.**

---

과제를 하다   다이어트를 하다   휴대폰을 보다
짐을 정리하다   친구들과 놀다

---

  가: 어제 그 방송 봤어요?

나: 아니요, <u>과제를 하느라고</u> 못 봤어요.

1) 가: 저녁 먹었어요?

  나: 아니요, _____점심 안 먹어요.

2) 가: 왜 아직도 기다리고 있어요?

  나: _____지하철을 놓쳤어요.

3) 가: 왜 이렇게 피곤해 보여요?

  나: 어제 이사를 해서 _____잠을 못 잤어요.

4) 가: 어제 왜 전화를 안 받았어요?

  나: 미안해요. _____전화 소리를 못 들었어요.

---

**옆 사람과 이야기하세요.**

 과제 제출 아직 안 했어요?

 컴퓨터가 고장나서
고치느라고 아직 못 했어요.

| 질문 | 친구 1 | 친구 2 |
|---|---|---|
| 왜 밥을 못 먹었어요?<br>요즘 왜 전화를 안 해요?<br>왜 이렇게 피곤해 보여요? | | |

## 표현2
### Expression 2

V-다가

| 받침 OX | 다가 | 가다가, 먹다가 |
|---------|------|----------------|

▶ 학교에 가다가 친구를 만났어요.

▶ 공부를 하다가 잠들었어요.

▶ 서울에서 살다가 부산으로 내려갔어요.

**1** 그림을 보고 문장을 완성하세요.

1) _____

2) _____

3) _____

4) _____

보기와 같이 문장을 완성하세요.

    영화를 보다. 재미없어서 나오다.

→ <u>영화를 보다가 재미없어서 나왔어요.</u>

1) PPT를 만들다. 잠이 들다.

→ _____.

2) 조별 모임을 하다. 수업에 들어가다.

→ _____.

3) 산에 올라가다. 다리가 아파서 내려오다

→ _____.

4) 공부를 하다. 졸려서 커피를 마시다.

→ _____.


3 보기와 같이 대화를 완성하세요.

보기    가: 라면은 어떻게 끓여요?

나: 라면은 <u>물을 넣고 끓이다가 면과 스프를 넣어요.</u>

1) 가: 발표 준비 다 했어요?

나 : _____

2) 가: 아르바이트를 왜 그만뒀어요?

나: _____

3) 가: 어린이대공원 안에 동물원이 어디에 있어요?

나: _____

4) 가: 고향에서 고등학교에 다녔지요? 왜 한국에 왔어요?

나: _____

## 표현3
### Expression 3

V-(으)ㄹ 뻔하다

| 받침 O | 을 뻔하다 | 먹을 뻔하다 |
|--------|-----------|-------------|
| 받침 X | ㄹ 뻔하다 | 살 뻔하다 |

▶ 잠을 자느라 수업에 늦을 뻔했어요.

▶ 핸드폰 알람을 꺼 놔서 시험 시간을 잊어버릴 뻔했어요.

▶ 어젯밤에 비가 많이 와서 홍수가 날 뻔했어요.

 보기와 같이 문장을 완성하세요.

길이 막히다. 늦다.

→ 길이 막혀서 늦을 뻔했어요.

1) 인터넷 접속이 느리다. 수강 신청을 못 하다.

→ _____.

2) 커피가 조금 남아 있다. 커피를 쏟다.

→ _____.

3) 비가 오고 바람이 많이 불다. 비행기가 못 뜨다.

→ _____.

4) 야외 공연 날에 날씨가 안 좋다. 공연이 취소되다.

→ _____.

**2** 보기와 같이 알맞은 것을 골라 문장을 완성하세요.

| 울다 | 잃어버리다 | 체하다 | 맞다 | 잊어버리다 |

**보기**    너무 오랜만에 반가운 친구들을 만나서 <u>울 뻔했어요</u>.

1) 불편한 사람하고 밥을 먹어서 _____.

2) 어제 하루 종일 가방을 열고 다녀서 지갑을 _____.

3) 요즘 너무 바빠서 비자 연장하는 것을 _____.

4) 우산이 없어서 비를 _____. 그런데 친구가 빌려 줬어요.


**3** 보기와 같이 대화를 완성하세요.

**보기**    가: 오늘 영수 생일이에요. 알지요?
           나: 네, 핸드폰에 안 써놨으면 <u>잊어버릴 뻔 했어요</u>.

1) 가: 발표 준비 다 했어요?

   나: 네, 그런데 어제 컴퓨터가 고장 나서 _____.

2) 가: 핸드폰 찾았어요?

   나: 겨우 찾았어요. 친구가 기억하지 않았으면 _____.

3) 가: 어제 토픽 시험 접수 했지요?

   나: _____ _____.

4) 가: 오늘 평소보다 늦게 왔네요. 무슨 일이 있었어요?

   나: _____.

# 말하기 1
## Speaking 1

여러분이 한국에서 실수를 한 일이나, 실수를 할 뻔했던 일과 그 이유에 대해 이야기하세요.

저는 이번 학기에 '사고와 표현 2' 수업을 꼭 듣고 싶었어요. 그래서 1학년이 수강 신청을 하는 날에 컴퓨터를 켜고 기다렸어요.

9시가 되어서 바로 홈페이지에 접속하고 로그인을 했어요. 그런데 학번이 틀리다고 나오는 거예요. 당황하다가 옆에 있는 기숙사 친구에게 물어보니까 학번이 이상하대요. 제가 급하게 로그인 하느라고 미국 대학의 학번을 쓴 거예요. 그래서 여기 세종대의 학번으로 다시 로그인해서 수강신청을 모두 성공했어요. 하마터면 '사고와 표현 2'를 이번 학기에 못 들을 뻔 했어요.

두 사람이 함께 대화문을 만들어 보세요.
아래의 표현을 반드시 한 번 이상 사용해야 해요.

1) V-느라고
2) V-다가
3) V-(으)ㄹ 뻔하다

_____

_____

_____

_____

_____

_____

_____

※ 대화문을 보지 않고 사람들 앞에서 대화해 보세요.

## 발음
### Pronunciation

 **의문문 억양 1**

> 가: 리사야, 어디 가?  나: 집에 가.
> 가: 리사야, 어디 가?  나: 응. 어디 좀 가.

▶ **1  듣고 따라하세요.**

뭐 먹었어요?      뭐 먹었어요?
누구를 만나요?    누구를 만나요?

▶ **2  억양에 주의해서 말하세요.**

천희  리사야, 어디 가?

리사  집에 가.

천희  너 많이 피곤해 보여.

리사  응, 과제를 하느라고 잠을 한숨도 못 잤어.


천희  리사야, 수업 마치고 어디 가?

리사  응, 어디 좀 가.

천희  같이 과제를 하고 싶었어.

리사  미안해, 약속이 있어서 어디 좀 가야 해.

The Sejong Counseling Center provides students with detailed solutions to various problems and worries on campus with a professional counselor. Also, through group counseling, it is also possible to think about myself objectively and to strengthen understanding between others and me through meetings with many people. In addition, Sejong Counseling Center prepares countermeasures and emotional stability for those who are troubled with experiences of sexual violence and sexual harassment. Please feel free to contact if you are a Sejong University student, and it is also free of charge to take any kinds of test or have a counseling service.

Location: Student Union Building Room 310
Tel: 02-3408-3306
Email: socre@sejong.ac.kr

Hours
Application, interview, & psychological test: Mon ~ Fri / 9 a.m.~ 5 p.m.
Psychological test analysis & personal counseling time will be announced individually after application and interview.

## 16장

# 졸업생 특강

제가 다녔던 학교에 다시 오니
감회가 무척 새롭습니다.

☆ **표현:** -(으)ㄴ/는데, -았/었던, -던
☆ **듣기:** 강연자 소개
☆ **발음:** 의문문 억양 2
☆ **세종 Tip:** 박물관

**학습
목표**

# 듣기
Listening

**사회자** 오늘 졸업생 특강의 강연자는 애니메이션학과를
졸업하신 알리 씨입니다. 알리 씨, 인사 부탁드립니다.

**졸업생** 안녕하세요. 저는 애니메이션학과를 졸업한 알리라고 합니다.
졸업생 특강의 강연자로 10년 전에 제가 다녔던 학교에 다시 오니
감회가 무척 새롭습니다.

**사회자** 알리 씨, 졸업생 특강 의뢰를 받았을 때 기분이 어떠셨어요?

**졸업생** 회사에서 일을 하고 있는데 지도 교수님께 전화가 왔습니다. 그래서
하던 일을 멈추고 전화를 받았습니다. 교수님께서 후배들을 위해
강연을 해 달라고 하셔서서 놀랐지만 기뻤습니다.

**사회자** 알리 씨는 대학생 때 어떤 학생이셨어요?

**졸업생** 저는 늘 그림을 그리던 학생이었습니다. 잠을 자는 시간을 빼고
항상 그림을 그린 것 같습니다.

**사회자** 어렸을 때도 그림 그리기를 좋아하셨어요?

**졸업자** 어렸을 때 가장 좋아했던 일이 그림 그리기였습니다.

**사회자** 네, 그럼 지금부터 알리 씨의 강연을 시작하겠습니다.
잘 들어 주시기 바랍니다.

---

1. 졸업생 특강의 강연자는 누구예요?
2. 깅연자는 언제 학교에 다녔어요?
3. 강연자는 대학생 때 어떤 학생이었어요?

## 어휘
Vocabulary

 ## 강연

| 강연/특강 | 강연자 | 강연을 부탁하다 | 강연을 마치다 |

## 입학과 졸업

| 입학하다 | 졸업하다 | 휴학하다 |
|---|---|---|
| 입학생 | 졸업생 | 지도 교수님 |

## 감정

| 기쁘다 | 화가 나다 | 답답하다 | 슬프다 | 불쌍하다 |
|---|---|---|---|---|
| 놀라다 | 무섭다 | 부끄럽다 | 섭섭하다 | 감회가 새롭다 |

## 표현 1
### Expression 1

### V-는데

| 받침 O X | 는데 | 먹는데, 가는데 |
|---|---|---|

▶ 집에 가는데 비가 왔어요.

▶ 저는 축구를 좋아하는데 친구는 야구를 좋아해요.

▶ 가: 점심에 뭐 먹었어요?

　나: 냉면을 먹었는데 맛있었어요.

### A-(으)ㄴ데

| 받침 O | 은데 | 좋은데 |
|---|---|---|
| 받침 X | ㄴ데 | 빠른데 |

▶ 제 방은 좋은데 좀 작아요.

▶ 하이 씨는 친구가 많은데 한국 친구는 없어요.

▶ 가: 한국어 공부가 어때요?

　나: 읽기는 쉬운데 말하기는 어려워요.

## 1 보기와 같이 문장을 완성하세요.

**보기**  책을 샀어요. 아주 재미있어요. → 책을 샀는데 아주 재미있어요.

1) 밥을 먹어요. 친구가 왔어요. → _____.

2) 비가 와요. 우산이 없어요. → _____.

3) 어제 영화를 봤어요. 재미있었어요. → _____.

4) 이 옷은 예뻐요. 좀 작아요. → _____.

5) 친구는 많아요. 한국 친구가 없어요. → _____.

6) 친구 생일이에요. 무슨 선물을 살까요? → _____?

7) 내일 휴일이에요. 뭐 할 거예요? → _____?


## 2 보기와 같이 문장을 완성하세요.

**보기**  한국어를 공부하는데 아주 어려워요.

1) _____힘들었어요.

2) _____자전거 타러 갈까요?

3) _____우산을 살까요?

4) 내일 제 생일인데 _____

5) 옷을 샀는데 _____

6) 가방을 사고 싶은데 _____

보기와 같이 문장을 완성하세요.

  집에 가고 있어요. 비가 와요. 그런데 우산이 없어요.
그래서 택시를 타려고 했어요. 그런데 돈이 없어요.

→  (1) 집에 가는데 비가 와요.

(2) 비가 오는데 우산이 없어요.

(3) 택시를 타고 싶은데 돈이 없어요.

---

1) 회사에서 일을 하고 있었어요. 전화가 왔어요. 하던 일을 멈추고 전화를 받았어요. 지도 교수님이었어요. 지도 교수님께서 강연을 부탁하셨어요. 잘 할 수 있을지 걱정이에요.

→  (1) _____.

(2) _____.

(3) _____.

---

2) 하이 씨는 베트남 사람이에요. 취미는 수영이에요. 스포츠센터에서 배워요. 그런데 좀 멀어서 자전거를 타고 다녀요. 하이 씨는 한국 음식을 배우고 싶어 해요. 그런데 어디서 배우는지 몰라요.

→  (1) _____.

(2) _____.

(3) _____.

## 표현 2
### Expression 2

V/A-았/었던

| ㅏ, ㅗ O | 았던 | 봤던 |
|---|---|---|
| ㅏ, ㅗ X | 었던 | 마셨던 |
| 하다 | 였던 | 일했던 |

▷ 그 영화는 주말에 봤던 영화예요.

▷ 지난번 여행에서 먹었던 음식이 아주 맛있었어요.

▷ 가: 어디에서 만날까요?

　　나: 어제 갔던 그 커피숍에서 만나요.

 보기와 같이 만들어 보세요.

보기　　　<u>어제 만났던</u> 그 사람을 또 만났어요. (어제 만났어요)

1) ＿＿＿＿＿＿＿＿그 식당에 다시 가고 싶어요.

　(친구하고 같이 갔어요)

2) ＿＿＿＿＿＿＿＿＿＿옷을 오늘 또 입었어요.

　　(어제 입었어요)

3) ＿＿＿＿＿＿＿＿＿＿친구가 지금 농구 선수가 되었어요.

　(어릴 때 키가 작았어요)

4) 그 사람은 ＿＿＿＿＿＿＿＿＿사람이에요.

　　　(같이 근무했어요)

5) 이 학생은 _____학생이에요.

(제가 가르쳤어요)

## 2 대화를 만들어 보세요.

가: 지난주에 __갔던__ 공원 이름이 뭐예요?

나: 서울숲이에요.

1) 가: 어제 _____그 사람 이름이 뭐지요?

　나: 이민우예요.

2) 가: 제주도에 여행가서 _____음식 이름이 뭔지 알아요?

　나: 물회잖아요.

3) 가: 지난 학기에 _____선생님 성함이 뭐예요?

　나: 김세종 선생님이에요.

4) 가: 처음 한국어를 _____곳이 어디예요?

　나: 세종대 어학당이에요.

5) 가: 이 가방을 _____시장 이름을 기억해요?

　나: 그럼요! 동대문시장이에요.

## 3 여러분의 경험을 쓰고 친구와 이야기하세요.

| | 어디 | 언제 |
|---|---|---|
| **1) 여행지** | 춘천 | 지난 방학 |
| **2) 음식** | 무슨 음식 | 언제 |
| | | |
| **3) 사람** | 누구 | 언제 |
| | | |

| 4) 수업 | 무슨 수업 | 언제 |
|---|---|---|
| | | |

1) 가: 지금까지 갔던 여행지 중에서 다시 가고 싶은 곳은 어디예요?

　　나: 지난 방학에 갔던 춘천이에요.

2) 가: 지금까지 먹었던 음식 중에서 가장 맛있었던 음식은 뭐예요?

　　나: ＿＿＿＿＿＿＿＿＿＿＿＿＿＿＿＿＿＿＿＿＿＿＿.

3) 가: 지금까지 만났던 사람 중에서 다시 만나고 싶은 사람은 누구예요?

　　나: ＿＿＿＿＿＿＿＿＿＿＿＿＿＿＿＿＿＿＿＿＿＿＿.

4) 가: 지금까지 들었던 수업 중에서 가장 기억에 남는 수업은 뭐예요?

　　나: ＿＿＿＿＿＿＿＿＿＿＿＿＿＿＿＿＿＿＿＿＿＿＿.

## 표현3
### Expression 3

**V/A-던**

| 받침 OX | 던 | 읽던, 조용하던 |
|---|---|---|

▶ 여기는 제가 쓰던 방인데 지금은 제 동생이 쓰고 있어요.

▶ 조금 전에 제가 읽던 책 어디에 있는지 아세요?

▶ 조용하던 친구가 요즘 말을 많이 해요.

▶ 가: 이 옷 새로 샀어요?

　　나: 아니요, 전에 입던 옷이에요.

**1** 그림을 보고 문장을 만드세요.

1) 하이 씨가 <u>마시던 주스예요.</u>  (마시다, 주스)

2) 하이 씨가 _____.  (쓰다, 노트북)

3) 하이 씨가 _____.  (먹다, 빵)

4) 하이 씨가 _____.  (입다, 옷)

**2** 대화를 완성하세요.

1) 가: 이 모자 새로 샀어요?

　나: 아니요, _____

2) 가: 우진 씨, 뭘 찾고 있어요?

　나: 조금 전에 _____

3) 가: 이 음악이 무슨 음악인지 아세요?

　나: 네, 어렸을 때 _____

4) 가: _____

　나: 냉장고에 넣어 두었어요.

**3** 여러분의 친구를 소개해 주세요.

보기 그 친구는 저와 같은 반에서 공부했어요. 수업이 끝나면 놀이터에서 같이 놀았어요. 그 친구는 우리 집에 자주 놀러 왔어요. 같이 숙제도 했어요.

→ (1) 저와 같은 반에서 공부하던 친구예요.

(2) 놀이터에서 같이 놀던 친구예요.

(3) 우리 집에 자주 놀러 오던 친구예요.

(4) 같이 숙제도 하던 친구예요.

→ (1) _____.

(2) _____.

(3) _____.

(4) _____.

## 말하기 1
Speaking 1

**다음 질문에 보기와 같이 대답해 보세요.**

| 질문 | <보기> | 나 |
|---|---|---|
| 1) 어렸을 때 뭘 잘했어요? 지금도 잘 해요? | 그림 | |
| 2) 어렸을 때 다니던 초등학교가 지금도 있어요? | 아니요 | |
| 3) 지금까지 여행한 곳 중에서 어디가 제일 좋았어요? | 제주도 | |
| 4) 주말에 뭐 했어요? 어땠어요? | 영화 | |

1) 저는 어렸을 때 그림을 잘 그렸는데 지금은 잘 못 그려요.

2) 제가 어렸을 때 다니던 초등학교가 지금은 없어졌어요.

3) 지난 방학에 갔던 제주도가 제일 좋았어요.

4) 주말에 영화를 봤는데 별로 재미없었어요.


1) _____

2) _____

3) _____

4) _____

## 말하기 2
Speaking 2

여러분이 졸업 강연자가 되어 보세요.
다음 질문으로 친구를 인터뷰해 보세요. 그리고 대화를 완성해 보세요.

| 질문 | 대답 |
|---|---|
| 1) 이름이 뭐예요? | |
| 2) 전공이 뭐예요? | |
| 3) 누가 전화를 했나요? | |
| 4) 그때 기분이 어땠나요? | |
| 5) _____씨는 대학생 때 어떤 학생이었나요? | |
| 6) 어렸을 때에도 _____를 좋아했나요? | |

보기와 같이 대화를 만들어 보세요.
아래의 표현을 반드시 한 번 이상 사용해야 해요.

1) V-는데
2) A-(으)ㄴ데
3) V/A -던
4) V/A -았/었던

보기

사회자 : 오늘 졸업생 특강의 강연자는 컴퓨터공학과를 졸업하신
무함마드 씨입니다. 무함마드 씨, 인사 부탁드립니다.

무함마드 : 안녕하세요? 저는 세종대학교를 졸업한 무함마드입니다.
졸업생 특강의 강연자로 제가 다녔던 학교에 다시 오게 되어
무척 기쁩니다.

## 발음
Pronunciation

 **의문문 억양 ㄹ**

> 대학생 때 어떤 학생이셨어요?
> 그림 그리기를 좋아하셨어요?

 듣고 따라하세요.

무슨 음식을 좋아하세요?          어느 도시에 가 봤어요?
이 음식을 좋아하세요?          이 도시에 가 봤어요?

 억양에 주의해서 말하세요.

사회자  알리 씨는 대학생 때 어떤 학생이셨어요?
졸업생  저는 늘 그림을 그리던 학생이었습니다.
사회자  어렸을 때도 그림 그리기를 좋아하셨어요?
졸업생  어렸을 때 가장 좋아했던 일이 그림 그리기였습니다.

사회자  알리 씨는 무슨 음식을 가장 좋아하세요?
졸업생  저는 삼겹살을 가장 좋아합니다.
사회자  김치찌개도 좋아하세요?
졸업생  네, 그럼요.
사회자  한국에서 어느 도시에 가 보셨어요?
졸업생  부산, 춘천, 전주 등 많은 도시에 가 봤어요.
사회자  경주에도 가 보셨어요?
졸업생  네, 그럼요.

The Sejong University Museum holds folk art, woodcraft, clothing, ceramics, calligraphy and painting, etc. collected over 40 years, and holds alternate exhibitions at regular intervals. While experiencing the cultural sites of our ancestors and traditional folk culture, we can awaken the right awareness of traditional culture and national pride through the research, collection, preservation and exhibition of folk culture. With the interest and love of Sejong University students, it will further develop into a cultural hall for national culture.

From the 1st to the 5th floor, the total floor area is 1,500 pyeong, and each floor from the 2nd to the 5th floor, excluding the first floor management office and the buried cultural heritage storage room, exhibits unique collections.

Hours: Mon ~ Fri / 10 a.m.~ 3 p.m. Admission fee free

(http://museum.sejong.ac.kr/index.do)

## 저자소개

- 장현묵 세종대학교 국어국문학과 초빙교수
- 정영교 세종대학교 국어국문학과 강사
- 이지은 세종대학교 국어국문학과 강사
- 허문하 세종대학교 국어국문학과 강사
- 신은옥 세종대학교 국어국문학과 강사
- 이현주 세종대학교 국어국문학과 강사

## 사고와 표현(기초편)

| | |
|---|---|
| 초판발행 | 2023년 9월 22일 |
| 지은이 | 장현묵·정영교·이지은·신은옥·허문하·이현주 |
| 펴낸이 | 안종만·안상준 |
| 편 집 | 소다인 |
| 기획/마케팅 | 박부하 |
| 디자인 | BEN STORY |
| 제 작 | 고철민·조영환 |
| 펴낸곳 | ㈜ **박영사** |
| | 서울특별시 금천구 가산디지털2로 53, 210호(가산동, 한라시그마밸리) |
| | 등록 1959.3.11. 제300-1959-1호(倫) |
| 전 화 | 02)733-6771 |
| f a x | 02)736-4818 |
| e-mail | pys@pybook.co.kr |
| homepage | www.pybook.co.kr |
| ISBN | 979-11-303-1844-8 03710 |

copyright©장현묵·정영교·이지은·신은옥·허문하·이현주, 2023, Printed in Korea

| | |
|---|---|
| 정 가 | 27,000원 |

# 어휘 노트

## 1장

| | |
|---|---|
| 나라 | 학과 |
| 한국 | 사무실 |
| 네팔 | 신입생 |
| 러시아 | 저 |
| 말레이시아 | 제 |
| 몽골 | 1층 |
| 미국 | 고향 |
| 베트남 | 사람 |
| 우즈베키스탄 | 생활 |
| 일본 | 시작 |
| 중국 | 이름 |
| 태국 | 전화번호 |
| 프랑스 | 화장실 |
| 대만 | 이, 그, 저 |
| 홍콩 | 도 |
| 전공 | 의 |
| 대학 | 안녕하세요 |
| N학년 | 반가워요 |

# 어휘 노트

## 1장

고마워요

아니에요

*세종대학교

*집현관

*세종관

*광개토관

# 어휘 노트

## 2 장

| | |
|---|---|
| 시설물 | 정문 |
| 강의실 | 지하철역 |
| 공원 | 집 |
| 교실 | 체육관 |
| 극장 | 카페 |
| 기숙사 | 캠퍼스 |
| 농구장 | 커피숍 |
| 도서관 | 테니스장 |
| 백화점 | 편의점 |
| 병원 | 학교 |
| 복사실 | 학생회관 |
| 서점 | 가방 |
| 식당 | 가족사진 |
| 약국 | 공책 |
| 엘리베이터 | 교통카드 |
| 우체국 | 노트북 |
| 운동장 | 돈 |
| 은행 | 물건 |

# 어휘 노트

## 2장

볼펜

빵

시계

신분증

연필

우유

의자

지갑

지우개

책

책상

컴퓨터

한국어

휴대폰

N층

위

아래

왼쪽

오른쪽

사이

옆

앞

뒤

안

밖

계란

딸기

바나나

샌드위치

아이스크림

오렌지

주스

초코

햄

*군자관

*대양홀

# 어휘 노트

## 3장

가다

공부하다

듣다

마시다

만나다

말하다

먹다

배우다

보다

사다

산책하다

샤워하다

쇼핑하다

숙제하다

쓰다

오다

요리하다

운동하다

일어나다

일하다

읽다

자다

청소하다

하다

많다

맛없다

맛있다

비싸다

쉽다

싸다

어렵다

예쁘다

작다

재미있다

적다

크다

# 어휘 노트

## 3장

| | |
|---|---|
| 과일 | 스터디카페 |
| 과제 | 시장 |
| 라디오 | 지금 |
| 물 | 하지만 |
| 밥 | 회사 |
| 사과 | 여보세요? |
| 수업 | 하고 |
| 신문 | |
| 영화 | *AI센터 |
| 옷 | |
| 음악 | |
| 친구 | |
| 커피 | |
| 펜 | |
| 편지 | |
| 햄버거 | |
| 사람들 | |
| 선생님 | |

# 어휘 노트

| | |
|---|---|
| 요일 | 저녁 |
| 일요일 | 밤 |
| 월요일 | 새벽 |
| 화요일 | 어제 |
| 수요일 | 오늘 |
| 목요일 | 내일 |
| 금요일 | 지난주 |
| 토요일 | 이번 주 |
| 주말 | 다음주 |
| 평일 | 부르다 |
| 시간 | 세수하다 |
| N 시 | 쉬다 |
| N 분 | 출근하다 |
| 오전 | 깨끗하다 |
| 오후 | 맵다 |
| 아침 | 아프다 |
| 점심 | 조용하다 |
| 낮 | 춥다 |

# 어휘 노트

## 4장

크다

마트

바다

수영장

가격

가족

거기

계획

교재

남동생

노래

닭꼬치구이

동생

등산

떡볶이

룸메이트

맥주

머리

모자

바지

방

보통

불고기

선배

수영

여행

원피스

일상생활

지하

지하철

치킨

코인 노래방

키

텔레비전

파티

활동

# 어휘 노트

## 4장

와/과

*TOPIK

*강남역

*강원도

*계절밥상

*교보문고

*군자동

*대학로

*롯데월드

*밤도깨비 야시장

*부산

*한강

# 어휘 노트

## 5장

시험
시험을 보다
시험 시간
시작하다
끝나다
객관식
주관식
중간고사
기말고사
한국어능력시험
쪽지시험
시험 점수
부정행위
커닝하다
시험지
시험 범위
복습하다
문제

수험표
시험장
걷다
고장나다
굽다
기다리다
나가다
놀다
도착하다
돕다
드시다
들어가다
떠들다
만들다
묻나
사용하다
살다
씹다

# 어휘 노트

## 5장

| | |
|---|---|
| 씻다 | 듣기 |
| 앉다 | 말하기 |
| 외식하다 | 문법 |
| 외우다 | 쓰기 |
| 이야기하다 | 기간 |
| 입다 | 날 |
| 준비하다 | 다음 달 |
| 줍다 | 동안 |
| 찾다 | 이번 |
| 챙기다 | 지난 |
| 출발하다 | 전 |
| 타다 | 후 |
| 피우다 | N호 |
| 확인하다 | 곧 |
| 늦다 | 교수님 |
| 뜨겁다 | 길 |
| 막히다 | 꼭 |
| 좋다 | 늦게 |

| | |
|---|---|
| 늦잠 | 신체검사 |
| 담배 | 약속 |
| 또 | 어떤 |
| 많이 | 언니 |
| 먼저 | 얼른 |
| 모두 | 여기 |
| 몸 | 열심히 |
| 바로 | 옆 사람 |
| 받다 | 우산 |
| 방학 | 운전면허 |
| 버스 | 음식 |
| 비 | 이따가 |
| 빨리 | 일찍 |
| 산 | 자리 |
| 삼겹살 | 전화 |
| 생일 | 조금만 |
| 술 | 좌석 |
| 스마트폰 | 주의사항 |

# 어휘 노트

## 5 장

지각하다

질문

질문하다

채소

챙기다

출퇴근 시간

케이크

코트

필기도구

학번

홈페이지

(으)로


*경복궁

*서울

*제주도

*포털

# 어휘 노트

## 6장

| | |
|---|---|
| 축제 | 한 |
| 구경하다 | 두 |
| 주점 | 세 |
| 매점 | 네 |
| 가게 | 몇 |
| 공연 | 약속 |
| 연예인 | 약속하다 |
| 기념품 | 시간이 있다 |
| 게임 | 좋아요 |
| 푸드 트럭 | 괜찮아요 |
| 개 | 미안해요 |
| 명 | 다른 약속 |
| 사람 | 왜요? |
| 마리 | 어때요? |
| 잔 | 놀다 |
| 병 | 드리다 |
| 장 | 모르다 |
| 권 | 찍다 |

# 어휘 노트

## 6장

모레

같이

그러면

기차

김밥

꽃

냉면

냉장고

유명하다

녹차

따다

메뉴판

무슨

문구점

배

사진

인형

잎

장미

좀

쯤

차

코미디

콜라

티셔츠

한국말

혼자

*동대문

*보성

# 어휘 노트

## 7장

날짜

면담

취소하다

미루다

미뤄지다

연기하다

아버지

어머니

할아버지

할머니

언니

누나

오빠

형

교수님

조교

사장님

선배

후배

계시다

드시다

뵙다

말씀하시다

주다

드리다

여쭙다

주무시다

편찮으시다

죽다

돌아가시다

가르치다

수업하다

바쁘다

쉽다

친절하다

그런데

# 어휘 노트

## 7장

김치

대답

때문에

맞다[1]

배달

선물

연구실

외국어

# 어휘 노트

| | |
|---|---|
| 방학 | 숙소 |
| 운전 | 예약하다 |
| 운전학원 | 예매하다 |
| 테니스 | 바꾸다 |
| 골프 | 가지다 |
| 치다 | 다니다 |
| 스키 | 밥하다 |
| 자전거 | 보내다 |
| 타다 | 잘하다 |
| 기타 | 시끄럽다 |
| 바이올린 | 너무 |
| 켜다 | 동영상 |
| 태권도 | 때 |
| 전통 춤 | 메시지 |
| 배우다 | 소포 |
| 비행기 | 손 |
| 비행기 표 | 인터넷 |
| 여권 | 일본어 |

잘

지도

한글

한복

그래서

잘 됐네요


*강남

# 어휘 노트

## 9장

강의

N점

N급

따다

합격하다

떨어지다

아르바이트

사귀다

걱정하다

보내다

따뜻하다

아쉽다

짧다

고기

슈퍼마켓

더

케이팝

N은/는요?

*TOPIK 2

*명동

# 어휘 노트

## 10장

| | |
|---|---|
| 몸 | 배탈 |
| 머리 | 잘못 먹다 |
| 얼굴 | 피 |
| 목 | 걸리다 |
| 가슴 | 나다 |
| 배 | 붓다 |
| 등 | 살찌다 |
| 허리 | 약 |
| 팔 | 감기약 |
| 다리 | 해열제 |
| 무릎 | 진통제 |
| 발 | 소화제 |
| 손 | 비상약 |
| 증상 | 소독하다 |
| 열 | 보건실 |
| 콧물 | 처방받다 |
| 기침 | 처방전 |
| 감기 | 묶다 |

# 어휘 노트

## 10장

정리하다

주다

날씬하다

무겁다

밝다

불편하다

졸리다

편하다

건강

계속

고민

고치다

골고루

관리

기분

끄다

날씨

넘어지다

노약자

다녀오다

다시

대본

대회

도와주다

드라마

맞다[2]

맡기다

면접

밤새

방

버리다

벌써

보건실

소풍

수리

숙이다

# 어휘 노트

## 10장

스터디

심하다

쏟다

쓰레기

쓰레기통

아직

양보하다

연습

완성하다

운동화

이렇게

이상

이유

잃어버리다

전공과목

정말

정장

정하다

주문하다

주제

죽

줄을 서다

진동

쿠키

통장

푹

핸드폰

뭐라고요?

*어린이대공원

# 어휘 노트

## 11장

| | |
|---|---|
| 과제 | 조원 |
| 발표 | 후배 |
| 발표하다 | 존댓말 |
| 개인 | 반말 |
| 조별 | 말을 놓다 |
| 주제 | 끓이다 |
| 발표문 | 대답하다 |
| PPT | 맡다 |
| 토론 | 열다 |
| 조별 | 전하다 |
| 조별 활동 | 제출하다 |
| 역할 | 짓다 |
| 분담 | 퇴근하다 |
| 자료 | 덥다 |
| 조사 | 가끔 |
| 정리 | 건물 |
| 작성 | 그리고 |
| 만들기 | 떨다 |

# 어휘 노트

## 11장

문자

미역국

비빔밥

비행기표

소품

어버이날

에어컨

영상

메일

이메일

일정표

자신이 있다/없다

자정

작성

장소

조심히

준비물

창문

촬영

통화

편집

헬스장

혹시

# 어휘 노트

## 12장

| | |
|---|---|
| 교양 수업 | 얇다 |
| 두드림 | 아름답다 |
| 비교과 | 잘생기다 |
| 프로그램 | 가장 |
| 홈페이지 | 공항 |
| 주소 | 근데 |
| 링크 | 글자 |
| 카톡 | 김치찌개 |
| 들어가다 | 다른 |
| 수강신청 | 미리 |
| 신청하다 | 미터 |
| 마감되다 | 오랜만이다 |
| 좋다 | 요즘 |
| 나쁘다 | 이미 |
| 높다 | 잔디밭 |
| 넓다 | 제일 |
| 좁다 | 지내다 |
| 두껍다 | 글쎄 |

## 어휘 노트

어찌지?


*경주

*수서역

*한라산

*토픽

# 어휘 노트

## 13장

| | |
|---|---|
| 시험지 | 빌리다 |
| 성적 | 설명하다 |
| 결과 | 소개하다 |
| 높다 | 이해하다 |
| 낮다 | 축하하다 |
| 퀴즈 | 과 |
| 중간시험 | 동기 |
| 기말시험 | 동아리방 |
| 나오다 | 학기 초 |
| 불합격하다 | 휴강 |
| 교양 수업 | 그렇다 |
| 전공 수업 | 힘들다 |
| 개론 수업 | 이상하다 |
| 용어 | 간식 |
| 고르다 | 공휴일 |
| 닫다 | 급하게 |
| 답장하다 | 다 |
| 밤새우다 | 대부분 |

# 어휘 노트

## 13장

무음

문

별로

부분

새로

생각

에너지 드링크

음료수

이론

처음

제가 그랬어요?

# 어휘 노트

## 14장

아이돌

카지노

전시회

패션쇼

의논하다

의견

다르다

결정되다

알리다

작년

올해

내년

식사하다

지키다

멋지다

공포 영화

다음

몇몇

선약

손님

얘기

의견

인기

졸업

질서

출입국 관리사무소

클래식

학우

몸이 안 좋다

죄송하지만

*건대입구

# 어휘 노트

## 15장

과제하다
미루다
잊어버리다
생각이 나다
ID
비밀번호
틀리다
당황하다
한숨도 못 자다
접속하다
로그인
접수하다
기한
내
그만두다
기억하다
내려가다
넣다

놓치다
들다
불다
울다
이사하다
체하다
축구하다
취소되다
켜다
반갑다
부족하다
재미없다
갑자기
하마터면
고능학교
남다
다리
다이어트

| | |
|---|---|
| 동물원 | 티켓 |
| 뜨다 | 평소 |
| 라면 | 하루 종일 |
| 면 | 홍수 |
| 모임 | (이)랑 |
| 물 | |
| 바람 | |
| 방송 | |
| 비행기 | |
| 소리 | |
| 스프 | |
| 알람 | |
| 야외 | |
| 연휴 | |
| 용돈 | |
| 조금 | |
| 짐 | |
| 콘서트 | |

| | |
|---|---|
| 강연 | 섭섭하다 |
| 특강 | 감회가 새롭다 |
| 강연자 | 어리다 |
| 부탁하다 | 그리다 |
| 마치다 | 근무하다 |
| 입학하다 | 그리기 |
| 졸업하다 | 그림 |
| 휴학하다 | 놀이터 |
| 입학생 | 농구선수 |
| 졸업생 | 멈추다 |
| 지도 교수님 | 무척 |
| 기쁘다 | 물회 |
| 화가 나다 | 스포츠센터 |
| 답답하다 | 야구 |
| 슬프다 | 어학당 |
| 불쌍하다 | 위하다 |
| 놀라다 | 의뢰 |
| 무섭다 | 초등학교 |

# 어휘 노트

## 16장

택시

휴일

그럼요!


*동대문시장

*서울숲

*춘천